国家重点研发计划项目：京津冀城市群多模式客运枢纽一体化运行关键技术（项目编号：2018YFB1601300）

城市群多模式客运枢纽协调运行衔接研究与实践

郭 忠 赵海宾 骆 晓 刘冬梅 编著

人民交通出版社股份有限公司

北京

内 容 提 要

本书从城市群背景下的综合客运枢纽和城市群客运需求特性出发，构建了城市群多模式客运枢纽协同服务理论框架，总结了国内外典型城市群综合客运枢纽协同运行的经验，提出了城市群多模式客运枢纽一体化规划思路与方法，多模式客运枢纽一体化衔接及实现途径、多客运枢纽协同运营一体化评价指标体系，以及涵盖多利益主体的协同运营体制机制。

本书适用于从事交通运输规划研究、城市群和区域经济研究的专业技术人员、管理人员，以及交通运输、区域经济专业的在校学生使用。

图书在版编目(CIP)数据

城市群多模式客运枢纽协调运行衔接研究与实践 / 郭忠等编著. — 北京：人民交通出版社股份有限公司，2022.2

ISBN 978-7-114-17773-6

Ⅰ.①城… Ⅱ.①郭… Ⅲ.①城市群—旅客运输—枢纽站—运行—研究 Ⅳ.①U115

中国版本图书馆 CIP 数据核字(2021)第 268755 号

Chengshiqun Duo Moshi Keyun Shuniu Xietiao Yunxing Xianjie Yanjiu yu Shijian

书　　名：	城市群多模式客运枢纽协调运行衔接研究与实践
著 作 者：	郭　忠　赵海宾　骆　晓　刘冬梅
责任编辑：	杨丽改
责任校对：	孙国靖　魏佳宁
责任印制：	刘高彤
出版发行：	人民交通出版社股份有限公司
地　　址：	(100011)北京市朝阳区安定门外外馆斜街 3 号
网　　址：	http://www.ccpcl.com.cn
销售电话：	(010)59757973
总 经 销：	人民交通出版社股份有限公司发行部
经　　销：	各地新华书店
印　　刷：	北京虎彩文化传播有限公司
开　　本：	720×960　1/16
印　　张：	8.25
字　　数：	150 千
版　　次：	2022 年 2 月　第 1 版
印　　次：	2022 年 2 月　第 1 次印刷
书　　号：	ISBN 978-7-114-17773-6
定　　价：	80.00 元

(有印刷、装订质量问题的图书由本公司负责调换)

编 委 会

顾　　问：李　斌　王先进
主　　编：郭　忠　赵海宾　骆　晓　刘冬梅
成　　员：郝　萌　程世东　魏领红　祝　昭　朱经纬
　　　　　贺正冰　刘好德　尹怡晓　姚恩建　杨　敏
　　　　　王淑伟　崔占伟　彭　虓　李　晔　许　飒
　　　　　龚露阳　田春林　廖　凯　尹志芳　陈　跃
　　　　　李　超　张晚笛　韦功鼎　孙浩冬　吴文静
　　　　　王吉生　薛　程

编写单位：交通运输部科学研究院
　　　　　交通运输部公路科学研究所
　　　　　同济大学
　　　　　国家发展和改革委员会综合运输研究所
　　　　　吉林大学

前　言
PREFACE

客运枢纽体系高效协同是推进京津冀城市群交通基础设施互联互通和运输服务一体化的重要保障。但由于区域发展、体制机制、功能定位、运营模式、技术手段等方面的制约，当前京津冀城市群客运枢纽存在功能互补不强、方式衔接不畅、协同运行欠缺、联运服务低效、信息共享不足等问题，严重影响了京津冀综合运输网络整体运行效率。研发京津冀城市群多模式客运枢纽一体化运行关键技术，对优化京津冀整体交通资源配置，促进京津冀空间结构调整，有序疏解北京非首都功能，推动河北雄安新区和北京城市副中心建设，支撑京津冀协同发展国家战略，具有极为重要的理论和实践意义。

本书从城市群背景下的综合客运枢纽发展和城际交通运输需求特性出发，基于城市群一体化背景下城市客运枢纽在城市群形成发展中的基础性作用，构建城市群客运枢纽协同服务的理论框架；梳理总结我国城市群客运枢纽发展实践，借鉴国外城市群客运枢纽协同发展经验，以京津冀为例，提出城市群综合客运枢纽一体化规划思路与方法、一体化衔接及实现途径、协同运营一体化评价指标体系以及涵盖多利益主体的协同运营体制机制。期望本书的出版，能够助力城市群交通运输相关研究工作的开展。

本书关于城市群多模式客运枢纽协同运行的思考、分析、论述，是以交通运输部科学研究院开展的国家重点研发计划、重点专项"京津冀城市群多模式客运枢纽一体化运行关键技术"这一课题成果为基础，与交通运输部公路科学研究所、同济大学、国家发展和改革委员会综合运输研究所和吉林大学共同研究的成果。在此对上述单位一并致以诚挚的谢意。

需要说明的是，综合客运枢纽理论与实践在不断发展，参与研究和编写人员的认识也在不断提升。限于研究水平，本书中可能存在诸多不足之处，有些观点可能也存在一定的争议，敬请行业内外的专家、学者和领导批评指正。

编委会

2021 年 12 月

目 录
CONTENTS

1 城市群背景下的综合客运枢纽发展 ………… 001
 1.1 新时期城市群的再认识 ……………………………… 003
 1.2 城市群格局下综合客运枢纽的再思考 ……………… 005
 1.3 城市群协同运行发育程度的重要标志 ……………… 009

2 城市群多模式客运枢纽协同服务理论框架 ………… 013
 2.1 城镇化背景下城市群客运需求特性 ………………… 015
 2.2 城市群多模式客运枢纽协同内涵与特征 …………… 018
 2.3 城市群多模式客运枢纽协同机理 …………………… 021
 2.4 综合客运枢纽协同运行存在的主要问题 …………… 023

3 城市群多模式客运枢纽协同服务国际经验借鉴 ……… 027
 3.1 国际城市群多模式客运枢纽协同经验 ……………… 029
 3.2 国内珠三角城市群多模式客运枢纽协同探索 ……… 032
 3.3 经验与启示 …………………………………………… 035

4 城市群多模式客运枢纽一体化规划思路与方法 ……… 039
 4.1 城市群客运枢纽发展现状分析 ……………………… 041
 4.2 城镇化背景下多模式客运枢纽发展形势及布局要求 …… 045
 4.3 城市群客运需求特性分析 …………………………… 047

4.4 城市群多模式客运枢纽分类及分级 …………………… 056
  4.5 城市群多模式客运枢纽规划布局 …………………… 063

5 城市群多模式客运枢纽一体化衔接及实现途径 ……… 069

  5.1 城市群客运枢纽协同发展现状 ……………………… 071
  5.2 城市群客运枢纽协同运营成本效率分析 …………… 080
  5.3 城市群客运枢纽协同效率提升政策建议 …………… 086

6 城市群多模式客运枢纽协同运营一体化评价指标体系 …… 089

  6.1 评价指标体系构建目的 ……………………………… 091
  6.2 评价指标确定原则 …………………………………… 091
  6.3 评价指标体系构建框架 ……………………………… 092
  6.4 具体指标 ……………………………………………… 093

7 城市群多模式客运枢纽协同运营体制机制研究 ……… 103

  7.1 城市群多模式客运枢纽体制机制现状及问题 ……… 105
  7.2 城市群多模式客运枢纽协同运营体制机制
      构建思路框架 ………………………………………… 109
  7.3 京津冀城市群综合客运枢纽协同运行政策建议 …… 111

参考文献 ……………………………………………………… 121

CHAPTER 1

城市群背景下的综合客运枢纽发展

1.1 新时期城市群的再认识

1.1.1 城镇化的内涵

城镇化,又叫作城市化,不同学科(经济学、地理学、人口学、社会学)对其有不同的解释,总体而言,有如下3个方面共识。

(1)城镇化是由于工业化和社会生产力发展带来的一种社会经济现象,是一个动态的过程。其根源是为了获得规模经济,大量人口与产业迅速地聚集到少数地区,从而带来社会、经济、文化、政治等方面的变化。

(2)城镇化表现在以下4个方面:第一,人口转移,即人口向城镇集中,城镇人口规模、密度不断增加,其中以城镇人口占总人口比例的上升为最显著特征;第二,产业结构转变,即以农业为主转向以工业和服务业等非农产业为主;第三,地域空间变化,即城镇地域范围扩大、地域性质向城镇转化;第四,社会变化,即城市文明、意识形态和生活方式不断传播与扩散。

(3)城镇人口占总人口比例是测度城镇化水平的最常用指标。

1.1.2 城市群的概念

城市群概念因比较模糊,且在实践中被泛化,故具有一定程度的尺度伸缩性,既存在不同空间尺度的城市群,又有跨越省级行政边界的大尺度城市群,如长三角、粤港澳大湾区和京津冀等,还有像长株潭这类的小尺度城市群,不同城市群在空间构造上的复杂程度和规模等级存在着明显差异。自20世纪80年代以来,国内各学者提出了不少与之相似的概念,如大都市带(都市连绵区)、城镇体系、都市圈、城镇密集区等,如表1-1所示。

其中,与城市群定义最接近的是城镇密集区,城市群偏重于城市之间的联系,而城镇密集区则偏重于地区之间的联系。然而,城市群与大都市带(都市连绵区)、城镇体系、都市圈等在行政地理单元边界、空间结构边界、发展阶段边界等方面存在差异。可以通过不同的空间演化和产业发展阶段,区分城市群的相关概念。简而言之,城镇体系包含广义城市群,广义城市群包含大都市带、狭义城市群、都市圈、都市,而狭义城市群与都市圈处于交集的状态。

我国学者对城市群相关概念的解释　　　　　　　表 1-1

名称	代表人物	概念界定
城市群	姚士谋(1992,2008)	在特定的地域范围内,具有相当数量的不同性质、类型和等级规模的城市,依托一定的自然环境条件,以一个或两个特大或大城市作为地区经济的核心,借助于综合运输网的通达性,发生与发展着城市个人之间的内在联系,共同构成一个相对完整的城市"集合体"
大都市带	周一星(1995,1997)	由许多连成一片的都市区组成,并在经济、社会、文化等方面联系密切、交互作用的巨大城市地域
城镇体系	顾朝林(1998,2005)	在一定地域范围内,以中心城市为核心,由一系列不同等级规模、不同职能分工、相互密切联系的城镇组成的有机体
都市圈	张京祥(2001)	城市化达到一定水平后,以发达的交通通信网络为基础,以一个或多个中心城市为主导,通过中心城市与周边城市间频繁的人员流、资本流和信息流为基本特征的经济联系,最终形成的经济社会高度一体化的经济体

根据《中华人民共和国国民经济和社会发展第十四个五年规划和2035年远景目标纲要》提出发展壮大城市群和都市圈,分类引导大中小城市发展方向和建设重点,形成疏密有致、分工协作、功能完善的城镇化空间格局。优化提升京津冀城市群、长三角城市群、粤港澳大湾区、成渝城市群、长江中游城市群等城市群;发展壮大山东半岛城市群、粤闽浙沿海城市群、中原城市群、关中平原城市群、北部湾城市群等城市群;培育发展哈长城市群、辽中南城市群、山西中部城市群、黔中城市群、滨中城市群、呼包鄂榆城市群、兰州—西宁城市群、宁夏沿黄城市群、天山北坡城市群等城市群。

1.1.3　不同城镇化水平对应的城市群演化阶段及特征

城市群是城镇化发展的主要形态,不同的城镇化水平对应不同的城市群演化阶段和特征。城市群演化主要受两大因素影响:内部动力(工业化、城市化、市场化)和外部动力(全球化、基础设施改善、信息化构建)。表 1-2 所示为城市群演化阶段及相应特征。

城市群演化阶段及特征 表1-2

阶段	空间特征	人口特征	基础设施	紧密度
起步	城市间出现点轴结构,单核城市出现,开始对周边城市要素产生磁极作用	城镇化率30%~50%,整体城市化率提高,人口流动性增强,活动范围扩大	连接城市的主动脉(城际轨道、高速公路、光纤等)设施形成	紧密度增强,连接城市的主动脉区域人流、物流开始增强,其他区域联系较弱
发展	内部圈层结构增强,形成一定的层级结构;单核趋势扩大,并出现双核结构;城市间边界交融面积增大,边界范围开始淡化	人口分布错落有致,城际人口流量显著增加。核心城市第三产业人口快速增长,第一产业人口增长趋于零	连接城市的主动脉设施由点轴状向辐射状演化	城市间通勤率增强,人流、物流、资本流、信息流畅通,流量增大
成熟	内部由单核或双核结构向多核结构转化,由圈层结构向网格结构转化;城际边界淡化,趋于同城化;对外聚集能力很强,形成更高层次区域聚集中心	城镇化率在70%以上,核心城市世界人口、高端人口比例增加;非核心城市人口素质显著提高	连接城市的主动脉由辐射状向网格状演化	城市间通勤率很高,基本实现要素流动同城化、无障碍化

由表1-2可知,城市群的不同发展阶段具有不同的空间特征、人口特征、基础设施及紧密度。在城镇化率超过70%时,城市群发展成熟。成熟的城市群空间结构主要包括3个层次,即城市群发展主轴线、中心城市都市圈、区域中小城市及城镇网络。

1.2 城市群格局下综合客运枢纽的再思考

在国家城市群战略背景下,以区域规划、设施互联互通和现行政策框架为基础,重新认识综合客运枢纽发展趋势,对于如何发挥好综合客运枢纽在构建现代立体综合交通运输体系,打造空间结构清晰、城市功能互补、要素流动有序、产业分工协调的现代化城市群具有重要的牵引锚固作用。

1.2.1 城市群联程运输、通勤出行需求的增多，需求特征的变化，要求综合客运枢纽发展导向由"大而全"向"专而精"方向转变

《交通强国建设纲要》提出，到 2035 年基本形成"全国 123 出行交通圈"（都市区 1h 通勤、城市群 2h 通达、全国主要城市 3h 覆盖），城市群区域客流主要由区域内出行客流、区域对外客流和部分过境客流组成，其中区域内出行客流包括了都市区和城市群内部的出行。我国的高速铁路、城际铁路建设与城市群一体化发展时期相对应，从客流特征上讲，无论是客运枢纽还是功能中心，都较普速铁路时期有了革命性的变化。对于综合客运枢纽而言，对外出行中城际商务、都市区通勤逐步占据主体，是影响城市群交通网络布局、职住空间结构和产业联动发展效能的主要因素之一，客流呈现高频、高时间价值、日常性客流特征。1h 通勤圈是都市圈的基本空间界定，1h 通勤的主要服务对象是通勤客流，其具有客流强度大、集中度高、潮汐性特征明显等特征，是都市区的主要出行客流。2019 年广州和佛山之间为 176 万人次/d，通勤客流占全日客流比例由 2005 年的 18.4% 提高到 2019 年的 40.8%，与广州市区出行通勤客流占比相当。2h 通达的主要服务对象为城际公务商务、休闲旅游客流，其特点是出行时间相对均衡，对出行时间要求较高，包括辅助旅游时间和纯旅行时间，联程运输比例增大，2019 年，石家庄机场空铁联运运送旅客 130 万人次，同比增长 15%；中转联程运送旅客 45 万人次，同比增长 37.5%。出行人群特征也从"低频长距"转为"高频短距"。

《长江三角洲区域一体化发展规划纲要》明确提出要建设"轨道上的长三角"，《京津冀协同发展交通一体化规划》提出要打造"轨道上的京津冀"。为适应城市群通勤化和多层次轨道交通网络发展要求，促进城市群各种运输方式高效衔接，提高综合交通运输整体运行效率和服务质量，需要打造与城市群轨道交通网络布局相契合的综合客运枢纽体系，为实现都市区 1h 通勤，城市群 2h 通达提供重要保障。高速铁路、城际铁路以及市域铁路带来的客流在出行需求和目的地上存在显著差异，因此，在交通枢纽组织上可适当考虑剥离客流人群，避免大规模的集中建设单一交通枢纽而引起交通客流过度集中，构建分工明确的综合交通枢纽。这就要求突破传统综合客运枢纽求大求全的发展导向，转向发展专业化、精细化的综合客运枢纽体系，在城市群中心城、近郊圈层同步构筑面向城市群一体化客运网络的分层次枢纽体系，促进分层次的空间和交通组织，以新枢纽体系构建分层次的 1h 通勤圈、2h 通达圈。因此，城市群范围内出现了区域

功能主导型客运枢纽,如京津冀城市群出现了北京南站、清河站,长三角城市群出现了上海虹桥站、南京站、苏州北站等区域组织性枢纽,该类型站点基本位于城市中心区边缘,为新建地区,周边开始涌现大量的区域性功能平台和高等级设施,是区域一体化的关键性节点。区域功能主导型枢纽地区未来将承担更高的发展要求,大量区域功能导入对地区的空间布局、功能组织、交通安排等方面将产生重大影响,因此客运枢纽也是城市群空间范围内重点协同的对象。

1.2.2 城市群圈层化发展趋势,要求综合客运枢纽发展模式由"点轴式"向"轴辐式"方向转变

围绕构建1h通勤圈,2h通达圈,城市群将呈现明显的圈层化发展趋势,1h通勤圈、2h通达圈作为都市区和城市群的基本空间界定,体现了经济要素自主、有序、高效流转的空间尺度范围。从合理布局城市群空间和产业协作的角度出发,根据与核心城市联系强度的差异,城市群内部还可以划分为若干圈层,都市区和日常都市圈是其中两个重要圈层。例如武汉城市群划分为3个圈层,即核心圈层、紧密圈层、影响圈层。核心圈层为武汉都市发展区的范围,是城市功能的主要聚集区和城市空间的重点拓展区。紧密圈层是以"1h交流圈"为目标,以当日往返通勤范围为主形成的日常生活、生产圈。以武汉为中心,周边约100km的地域范围,包括武汉全市域、孝南、汉川、应城、云梦、安陆、孝昌、红安、麻城、黄州、团风、浠水、鄂州、黄石、大冶、咸安区、赤壁、嘉鱼、仙桃。影响圈层是与中心城市武汉市具有紧密联系、接受其辐射的主要区域,包括武汉城市群全部区域和圈外岳阳、九江、信阳、随州、荆州等重点城市。

轨道交通网络和综合客运枢纽是都市区1h通勤圈和城市群2h通达圈的重要载体,围绕二者的沿线和枢纽进行综合开发是城市经济发展的重要引擎和城市空间拓展的重要支撑,由此形成的"点轴式"发展格局是城市群空间形态演进的重要基础,是城市群圈层化发展的重要推动力。国内外较成熟的都市圈大都经历了从"中心-腹地"到"枢纽-网络"的空间结构演变过程,其结果必然形成"轴辐式"空间形态。综合客运枢纽及串接综合客运枢纽的交通轴线是都市圈空间形态的重要载体,其布局应以优化都市圈"轴辐式"空间形态为核心基础。因此,圈层化的城市群必将产生"轴辐式"的综合客运枢纽发展格局。"轴辐式"强调将运输对象从各节点运输至枢纽中心,再依据目的地进行集中运输,在网络干线上形成规模效应,降低运输成本,提高资源利用率。同时,产生集群效应,带动所在区域及城市的经济发展。

1.2.3 城市群的一体化发展趋势,要求综合客运枢纽空间布局由"行政区"向"服务域"方向转变

城市群的发展一定要坚持整体思维,承认中心城市现状和发展阶段,注重因地制宜,增强产业分工互补性,优化城镇用地在区域和城市之间的配置,提高空间利用率,实现城市群中心城区与周边地区一体化发展,从而体现完整城镇化。近年来,虽然城市群建设呈现较快发展态势,如京张高速铁路、崇礼铁路、京雄城际铁路、京哈高速铁路以及京唐、京滨铁路等重点工程项目都在逐步建成运营,"轨道上的京津冀"正在加速形成,京津冀三地之间的公路建设速度正在加快,四通八达的完善路网体系正在成型,京津冀主要城市之间已经实现交通"一卡通",1h生活圈正在加速形成,但是城市间交通一体化水平仍需提升,协同发展体制机制仍需完善。枢纽网络化运营与行政区域和行业管理体制分割的矛盾仍然存在,枢纽功能定位不准确、配套不足及地域分布不均衡等问题依然突出。

为适应城市群一体化发展趋势要求,城市群综合客运枢纽的布局应从传统的行政区独立配置向面向服务域的分层分类一体供给进行转变,打造"枢纽上的都市圈"。立足城市群空间结构优化,结合城市群客流特征变化,均衡客运枢纽对城市群各重要区域的服务,加强近郊圈层区域型客运枢纽和功能培育,发挥近郊新城面向外围地区的空间与交通枢纽组织功能。如北京市关于客运枢纽与城市功能协调关系的研究表明,北京市2030年铁路客运量(含市郊运量)将是现状的6.13倍左右。铁路通道和客运枢纽需求增强,需要主动调整客运枢纽布局,打破北京同心圆功能自组织结构。在北京都市圈范围内,统筹布局承接城际、市郊铁路运输的客运枢纽,促成北京面向都市圈区域的枢纽空间组织与区域交通组织两者相协同,实现高效空间组织和交通运行,引导与首都都市圈联动发展的开放型、多中心客运枢纽空间结构。

1.2.4 城市群高质量发展,要求综合客运枢纽与城市的功能耦合和多客运枢纽协同运行

受托于荷兰经济事务部下属的创新及永续发展局,对"节点-场所"模型进行了总结,研究指出,客运枢纽发展应以创造物质空间及空间功能、社会和制度网络节点的站点区位为目标。《关于打造现代综合客运枢纽提高旅客出行质量效率的实施意见》(发改基础〔2016〕952号)明确提出,推进综合联动开发,重点在国际性、全国性综合交通枢纽,以高速铁路客运站、城际铁路客运站、机场等为

主体,建设一批集交通、商业、商务、会展、文化、休闲等为一体的开放式城市功能区。目前,我国较多的城市大型客运枢纽的核心功能是面向全国的对外交通运输,这与区域客运枢纽空间错位,缺乏与区域联动的功能区客运枢纽。东京、纽约、巴黎、伦敦等世界城市与我国客运枢纽布局及功能组织存在巨大差异,这些城市极力推动客运枢纽与功能中心耦合布局,建立客运枢纽与都市区空间之间良好的互动关系,依托客运枢纽强化重要功能中心面向区域的辐射带动作用,重视客运枢纽布局对潜力地区(或成长型地区)的功能培育。

高速铁路时代的来临给我国综合客运枢纽与城市功能的一体化发展带来了新契机。深圳做了很好的探索和实践。广深港高速铁路兼顾长途运输和城际运输的双重职能,客流特征截然不同,在深圳境内的两大站点——深圳北站和福田站,设计理念也差异很大。深圳北站位于城市核心区外围副中心,以长途客站功能为主,形成以交通"节点"特征为主的大型综合交通枢纽;而福田站位于城市核心区,以城际服务功能为主,采用全地下模式,依托轨道交通和慢行网络,更多体现为与城市功能中心一体化的"场所"功能。

1.3 城市群协同运行发育程度的重要标志

多模式客运枢纽是促进城市群分工协作新体系格局形成的重要支撑和保障。城市综合客运枢纽作为各种交通方式的关键节点,为所在地区或城市的经济发展和居民生活提供运输服务,是城市对外联系的桥梁和纽带,具有链接区域的属性;由于客流集中和可达性高等特点,其逐步从单一功能向多功能、综合性方向发展,继承了交通功能与经济、社会、文化和其他城市功能的深度整合,推动城市经济的区域化程度提高和交通相关产业的崛起,对于服务和引领区域经济社会发展,提升城市群竞争力具有重要战略意义。

推动多模式客运枢纽协同发展是推动交通运输高质量发展,打造现代化交通运输体系的重要环节。2019年9月,国务院颁布的《交通强国建设纲要》中提出"构筑多层级、一体化的综合交通枢纽体系";2020年2月,《国家综合立体交通网规划纲要》中提出"构建空中、水上、地面与地下融合协同的多式联运网络"以及"加强城市群内部重要港口、站场、机场的路网连通性,促进城市群内港口群、机场群统筹资源利用、信息共享、分工协作、互利共赢,提高城市群交通枢纽体系整体效率和国际竞争力"。多模式客运枢纽作为推进基础设施互联互通、运输服务一体化衔接的重要节点,是提高城市群客运效率、提升客运服务质量的核心关键,是推进都市圈高质量发展的重要载体,对于统筹推进交通强国建设至关重要。

随着京津冀、长三角、粤港澳大湾区、成渝地区双城经济圈协同发展上升为国家战略,多模式客运枢纽协同运行对城市群协调发展的支撑重要性显著提升。《国家综合立体交通网规划纲要》中提出"建设面向世界的京津冀、长三角、粤港澳大湾区、成渝地区双城经济圈4大国际性综合交通枢纽集群。"我国区域发展已从过去的单个区域发展,转向推进多区域跨区域协调发展。随着我国铁路、公路、航空、海运等各种交通网络规模不断增长,不同交通系统之间的协同衔接设施日益完善,各类运输网络之间的互联互通性得到加强,使得城市群各节点之间的时空可达性和交通出行可靠性逐步提高,城市群内居民的出行方式呈现出多模式协同化的特性,因此,综合客运枢纽再优化,构建分工明确的综合枢纽,对于深化城市群区域合作,提升区域整体发展的效率和能级具有重要的支撑作用。

从当前发展实际看,城市群已经成为我国综合客运枢纽发展问题集中的区域之一。由于行政管理体制、不同运输方式分部门管理等方面的原因,城市群区域范围内形成了多样化的客运服务管理体系,城市群间客运服务由政府部门、客运枢纽运营企业、铁路公司、公路客运企业、轨道交通等多元主体共同提供。但是,多元的客运服务体系在发挥各组织优势的同时,也面临着不同层面的组织间协同以及不同交通模式排他性、竞争性和外部性等问题。特别是跨行政区间客运枢纽的换乘联运,因为需要两个或者两个以上的政府部门或者企业来提供而使得资源难以最优配置。各政府部门或者企业由于政府、企业在服务提供和生产中的职责、权益不明确,边界不清晰,导致相互推诿、协同困难,最终造成乘客出行体验不佳,严重制约了综合客运枢纽的整体效能和可持续发展。

综上所述,城市群多模式客运枢纽协同运行的关键在于创新一套完善的体制机制来破解客运枢纽网络化运营与行政区域和行业管理体制分割的矛盾。以京津冀为例,虽然京津冀城市群交通一体化进行了有益实践,但当前京津冀多模式客运枢纽一体化协同服务仍然面临着众多亟须破解的体制机制问题,如缺乏城市群层面的客运枢纽规划布局,导致各个层面的枢纽布局定位不清晰,利用效率不平衡。京津冀地区已形成由北京首都国际机场、天津滨海机场、石家庄正定国际机场、邯郸机场等民用机场和北京南苑机场、秦皇岛山海关机场、唐山三女河机场等军民两用机场组成的机场群,2018年首都机场客运量早已经饱和,而天津机场、石家庄机场运输能力利用率严重不足,分别为65%、50%。京津冀已经较为普遍存在的"航空+铁路""铁路+公路"等跨运输方式的旅客联程运输服务,因各运输主体个自为政,不同运营方式的数据信息共享机制不健全,市场不开放等,不同运输方式之间在客票格式、运价制定、客票结算、客票清算、行李运输、服务保障等方面存在显著差异仍停留在旅客自行安排行程、分别购票和被动接驳的"隔离式"联程运输阶段。因前段运输不稳定而引发的后段运输变动难题,极大地降低了旅客的出行体验。另外,现行的干部考核机制导致"一亩三分地"思维定式盛行的问题,需要通过体制机制创新来解决,从而提升城市群客运枢纽的整体效能。

近年来国内外学者对区域交通一体化协同服务体制机制以及衔接模式的研究日益增多,但研究总体呈零星式、碎片化状态,缺乏基于整体的、立体式、全方位的综合研究,尤其缺乏从系统论、协同论等理论层面对协同运行各方面的综合研究。因此,有必要认真梳理和分析城市群多模式客运枢纽一体化协同运行过程中出现的新情况、新问题。运用综合交通运输理论和协同理论,从加强综合交通运输的硬联结和软联结方面,对城市群空间尺度不同客运枢纽功能协同,一体化衔接模式进行深入研究,并建立一体化运行的评价指标体系。在对京津冀多模式客运枢纽一体化运行模式和效率进行分析和评价的基础上,提出多模式客运枢纽一体化协同运行的途径及政策建议,为我国城市群多模式客运枢纽协同运行及管理模式优化创新提供借鉴和理论指导。

CHAPTER 2

城市群多模式客运枢纽协同服务理论框架

2.1 城镇化背景下城市群客运需求特性

多模式客运枢纽作为城市群中心城市发挥辐射作用的重要节点,其布局与客运需求密不可分。在城市群发展过程中,由于规模经济、聚集扩散、经济加速等效应的影响,人员流动日益频繁,产生了大量的客运需求,同时区域经济增长和人们消费水平的提高,促使客运需求趋于多样化、旅客出行趋于层次化。

2.1.1 城市群客运需求生成机理

客运需求一般是在具有出行意愿的同时,具备支付能力并愿意支付的条件下形成的。研究出行意愿可以挖掘潜在需求,为供给的现状改进指明方向。城市群作为区域经济集中发展地区,其客运需求与城市、都市圈的客运需求具有很大的相似性,且可以从产生来源(生产性和消费性)总结分析生成机理,如图2-1所示。

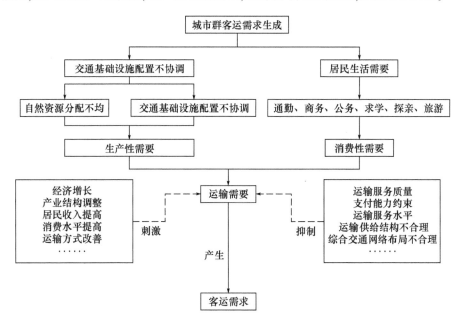

图2-1 城市群客运需求生成机理

生产性客流，一般是由自然资源和交通基础设施分配不均衡而引起的运输需求。消费性客流，一般是由城乡结构变化和区域发展不平衡而引起的产业集聚，从而刺激其他地区的居民产生以求学、务工、出差、探亲访友以及旅游为主要目的地的活动。

但是城市群客运需求并不是一成不变的，城市群区域的经济和产业结构的优化，居民收入、居民消费水平、人口等的提高会刺激该区域产生相应的客运需求。相反，城市群居民支付能力受到约束、交通运输服务质量低、运输服务水平低以及客运供给结构不合理等因素会抑制该区域产生相应的客运需求。客运需求产生的前提条件为居民有出行意愿和支付能力。在此基础上，还要考虑居民的支付意愿，才能形成相应的客运需求。

2.1.2 城市群客运需求特征分析

随着城镇化的快速发展，城市规模不断扩大，城市群内城市之间、城市群之间的联系越来越紧密，城市群客运需求呈现分层次、高强度、多样化、重时效等特征。

(1) 分层次——城市群客运需求按出行空间和出行距离形成不同层次。

城镇化进程中，区域空间结构不断变化，都市圈、城市群等初步成形并逐渐发展成熟，城市群内的客运需求呈现出分层特性，尤其是随着运输方式和城市群综合客运网络的发展，在出行空间和出行距离上形成不同层次的客运需求，要求提供分层次的客运服务。

(2) 高强度——城市群客运需求不断增长，主要城际通道客运需求强度高。

随着城镇化发展，城市规模越来越大，城市群内城市之间、城市群之间联系越来越紧密，人员流动、物资交流频繁，客运需求呈现不断增长的态势。其中，城市群内城际客运量增长速度明显高于城市群对外客运量，中短程出行成为我国客运的重要组成部分。此外，城际客流在空间上分布不均衡，在主要城镇走廊等城际通道上，客运需求总量大、强度高，要求提供大运量、高密度、安全可靠的运营服务。

(3) 多样化——城市群客运出行目的多样化。

由于城市群内外城市之间联系越来越紧密，旅客出行以商务为主，但探亲、旅游等需求也在增加，城市群客运需求更加多样化、个性化。其中，工作日公务、商务、通勤客流多，休息和节假日旅游、休闲客流多，要求提供点对点的大站直达和广覆盖的站站停靠的多样化客运服务。

(4) 重时效——城市群旅客出行对时效性要求更高。

城市群客运以中短距离为主，时效性强，需要更加高效、便捷的换乘，要求优化多模式客运枢纽布局衔接和运输组织,最大程度减少旅客换乘次数与换乘距离。

2.1.3 城市群客运需求层次划分

通过对以上城市群客运需求生成机理和特征分析,城市群作为一个高密度、关联紧密的城市聚合空间,具有人口密度高、经济发达、城市之间交流频繁等特点;随着城市群内部城市之间分工和协作加强,其客运活动呈现出空间层次特性。根据居民出行距离,可以将客运出行分为 3 个层次:以中心城区为核心的都市区内部、城市群内城市之间、城市群区域对外。不同层次出行的客流特征和出行距离也随着城市空间分布特点而不同。

在此基础上,以通达、便捷为必须满足的指标,按照短程、中程、远程 3 种距离范围,从国际、国内、城市群内、城市群外 4 种不同区域范围作为切入点,客运需求层次可分为 3 级,如表 2-1 所示。

城市群客运需求层次划分　　表 2-1

需求层次	需求名称	需求细分	出行空间	出行目的	出行要求
1	1 级需求	国际远程出行	全球范围国家间	商务、公务、旅游为主	便捷少换乘,快速、舒适、安全
		国内远程出行	全国范围城市群间	商务、公务、探亲为主	
2	2 级需求	城市群外中程出行	城市群内城市与城市群外城市间	商务、公务为主	高速化运营,实现"1d 交流圈"
3	3 级需求	城市群内城际中程出行	城市群内城际	商务、公务为主	城市间快速连接,实现 1~2h 通达
		城市群内城际短程出行	城市群内城际	商务、公务为主	城市间快速连接,实现"1h 交通圈"

2.1.3.1　1 级需求

随着城镇化、国际化的发展,城市群间和国际的人流、物流、信息流更加频繁,因此 1 级需求可以分为全国范围城市群之间的出行和全球范围国家之间的出行。随着人们对服务品质要求的不断提高,高速的客运方式是远程出行的首选,同时要求便捷少换乘、舒适、安全。

2.1.3.2　2 级需求

即城市群对外中程出行,出行目的以商务、公务为主。中程出行要求交通实现 1d 往返,构建"1d 交流圈",因此不能全程通过公路完成出行,需要由高速客运方式单独完成或高速客运与公路共同完成出行。

2.1.3.3 3级需求

随着城镇化发展,一些城市出现郊区城市化、同城化甚至发展为都市圈。因此,3级需求主要包括城市群内城际短程出行(出行目的以商务、公务为主,要求城市之间快速连接,目标是构建"1h 交通圈")、城市群内城际中程出行(出行目的以商务、公务为主,要求城市之间快速连接,目标是实现 1~2h 通达)。

不同层次需求的出行空间和出行目的存在差异,如图2-2 所示为城市群客运需求层次空间特征示意图。

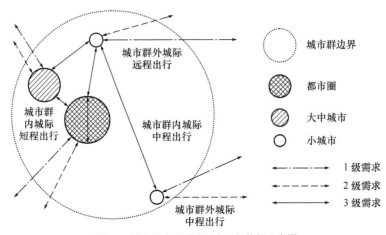

图 2-2　城市群客运需求层次空间特征示意图

2.2　城市群多模式客运枢纽协同内涵与特征

2.2.1　一体化内涵

"一体化"原指将不同部分融合为一个整体。随着社会的不断发展,"一体化"的内涵也在不断地充实和丰富,"一体化"不仅含有系统集成的概念,而且还有系统优化的内涵。"一体化"即指存在两个或两个以上可以相互区别、相互联系而又相互作用的要素或系统,以一定的阶层结构形式分布,在给定的环境约束下,为达到整体的目的而形成的有机集合体。

"一体化"具有以下的属性:①整体性,一体化作为由若干相互作用和相互联系的部分有机组合的、有一定结构和功能的整体,其本质特征是有机的整体性。②集合性,一体化的集合性表明,一体化系统是由两个或两个以上的可以相互区别的要素或子系统所组成的。这些要素可以是具体的物质,也可以是抽象的或非物质的软件、组织等。③有序性,一体化的有序性,也称层次性,由于构成一体化系统的各个组成部分在整个系统中所处的地位不同,而形成了不同的层次,该层次决定了整个系统内物质、能量和信息的流动,从而使一体化系统能发挥更高的功能和效率。④相关性,构成一体化系统的要素或子系统是相互联系、相互作用的,相关性说明这些联系之间的特定关系,以及这些关系之间的演变规律。⑤目的性,一体化的目的性即指构成一体化系统的各组成部分按照统一的目的组织起来的性质。⑥环境适应性,任何一个一体化系统都处于特定的环境中并与环境不断地进行物质、能量、信息的交换,一体化系统离不开环境,而且必须适应环境的变化,否则一体化系统将不能存在。这种一体化系统随着环境的变化而存在的性质叫作一体化的环境适应性。

"一体化运行"是指通过资源整合,统筹考虑系统内相互区别又相互联系的要素特征,采取一定的策略从而形成系统整体利益的最大化。

2.2.2 交通运输一体化内涵

交通运输是区域一体化的重要内容和关键途径。随着区域交通一体化进程的深入,城际经济社会联系日益密切,形成了上下游产业链分工,经济功能互补不断增强,经济规模进一步扩大,中心城市的聚集、辐射作用进一步增强,城际间客运量不断增长,出行模式和结构也发生变化。这一时期,迫切要求打破阻碍交通运输衔接的行政壁垒和地域歧视,降低交通运输成本、提高运输效率,实现跨区域交通基础设施的对接,在制度、政策层面加强衔接协调,建立统一市场、政策、标准等,以一体化的交通运输体系支撑生产要素的自有流动。

交通运输一体化包括3个方面的内容。从外部需求来看,客运枢纽一体化首先必须适应并带动区域一体化,与经济、社会、资源、环境协调发展;其次,同一方式为主导的客运枢纽跨行政区的一体化,加强客运枢纽设施的规划布局,破除运输市场的地域壁垒,建立统一的运输市场,如民航机场的分工合作;第三,各种运输方式之间的一体化,需要加强衔接和协调,构建布局合理、功能完善、有机衔接的客运枢纽体系,当跨行政区时,集中体现在区域性综合运输客运枢纽以及跨市旅客联程运输组织,并对同一运输方式跨行政区的一体化产生影响。

交通一体化涵盖多个领域。发展内容方面,一体化范围非常广泛,涵盖基础设施规划、建设、运营组织、政府管理等多个领域,基础设施衔接规划方面,重点是做好设施的布局衔接、功能协调;建设方面,在建设时序、技术标准等方面能否实现跨市、跨运输方式的统一协调,促进政府间、企业间合作是关键所在;运营组织方面,构建有利于企业分工合作、信息共享、无障碍的市场环境是重要内容;政府管理方面,协调地方之间的利益,从合作共赢的角度为客运枢纽规划、建设、运营创造有利的政策、制度环境。交通运输一体化内涵如图2-3所示。

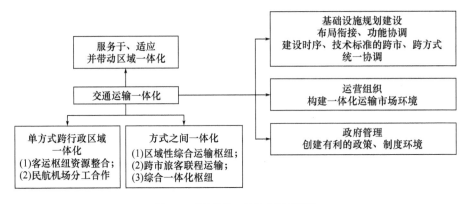

图2-3　交通运输一体化内涵示意图

2.2.3　多模式客运枢纽协同运行内涵

1) 多模式客运枢纽定义

将两种及以上对外运输方式与城市交通的客流转换场所在同一空间(或区域)内集中布设,服务城市群多种出行方式转换和多模式客运网络衔接的客运基础设施。

2) 多模式客运枢纽协同运行内涵

两个方面:

一是针对单一综合客运枢纽,客运枢纽内部不同运输方式之间的功能进行组织、衔接和协调。

二是对于某一区划范围内,各类客运枢纽在综合运输体系建设过程中,对各类客运枢纽之间的功能定位进行明确的划分，并加强各客运枢纽之间的衔接与协调。

三个层次：

一是单一综合客运枢纽内部生产组织系统的一体化，它是综合运输运行、组织、管理和协调的关键，使各种运输方式在统一的组织协调机制下有机地结合在一起，实现运输的高效率运作，以充分发挥各种运输方式在综合运输体系中的优势。

二是城市内各铁路、公路、机场客运枢纽之间的相互衔接，功能划分明确，统一调度协调。

三是城市群内包括单一客运枢纽、综合客运枢纽在内，各客运枢纽之间的相互衔接，合理分工，信息共享，协调调度等。

城市群多模式客运枢纽一体化运行是指在既定的城市群内，各类客运枢纽按其经济技术特点，组成布局合理、分工明确、有机结合、衔接顺畅、协调有序的运营体系。

在综合客运枢纽体系中，各类客运枢纽并存，都将在其适用的范围内发挥特有的优势，保持运行协调，表现为各类客运枢纽的合理分工，更表现为各类客运枢纽之间的衔接顺畅、信息共享以及特殊时期的统一协调。

通过综合管理将客运枢纽与客运枢纽一体化运行紧密地整合起来，即客运枢纽运行水平与客运枢纽设施水平相一致。其中合理的体制和法制是综合管理的关键。

2.3 城市群多模式客运枢纽协同机理

研究客运枢纽间的协统机理，不得不提及协同学原理。协同学由德国著名物理学家赫尔曼哈肯于20世纪70年代创立，现今已广泛用于自然科学和社会科学中，在物理、化学等自然科学领域多采用协同学数学公式与理论，而社会科学领域则多运用协同学的理论观点，其中包括著名的序参量与相变理论、系统的涨落与自组织理论、绝热消去法。协同学主要研究自然界与社会科学中系统从无序状态向有序状态发展的过程。协同学认为，任何系统都是由若干个子系统构成，且子系统间往往是协同作用的，整个系统通过内部若干子系统的协同作用由无序状态向有序状态发展,再向无序或者新的状态变化,是一种系统自组织的发展。但是交通系统中的协同,往往是通过具体措施或手段对交通流进行疏导,从而达到各个子系统工作相互配合,功能相互补充的目的,其本质是通过协同实现整体运行优化的目的。

当前较多的有关交通枢纽协同的研究集中在铁路客运枢纽或公共交通枢纽与邻接区的协同、城市内公共交通枢纽与地铁枢纽的协同这类较小范围的研究上,也有诸如 TOD 理论(以公共交通为导向的开发模式)、触媒理论(将综合交通枢纽视作城市触媒对城市本身进行强化、修复和创造)、数据包分析模型(利用基于投入产出理论的规划模型对客运站与邻接区运作效益进行分析)等成熟的理论产生。但是,从城市群角度切入,对不同城市的客运枢纽进行协同效益的分析仍是一个研究空白,这也是本书将要细致讨论的内容。

在本书中,客运枢纽的类型包括机场枢纽、铁路枢纽和地铁枢纽三类,并且按照乘客出行目的的不同,按照不同换乘方式对三类客运枢纽之间产生的客流分类进行成本效益计算。对单个客运枢纽而言,建成后持续运营效益取决于客运枢纽的人流量,因此,本书中也将乘客数作为最基础的重要变量。同时,由于考虑的是城市间客运枢纽的协同效益,在计算过程中仅考虑研究对象客运枢纽之间的乘客交流,不再考虑经其他客运枢纽(公交车、出租汽车)换乘的乘客或未换乘直接进入区域内的乘客。

综上,从协同学的原理出发,从交通的视角去看城市群的客运枢纽协同,其本质是通过城市之间和城市内部客运枢纽间的乘客交流分布优化,达到客运枢纽群整体优化从而实现效益最高的目的。因此,本部分对城市群多模式客运枢纽的不同协同方式进行了讨论,基于乘客们在客运枢纽层面的不同协同路线,提出了基于客流量的协同效益计算方法,并基于此建立了求解枢纽群整体效益的核算模型,从量化的角度对城市群客运枢纽协同机理进行了探讨。

基于城市群中最常见的几类客运枢纽(机场、火车站、地铁站),考虑大范围区域内客运枢纽间的协同性高低会对区域内交通运转起到至关重要的影响,故而考虑了"机场-市内疏散旅客""机场-机场换乘旅客""机场-高速铁路换乘旅客""机场-旅游客车换乘旅客""高速铁路-机场换乘旅客""高速铁路-旅游客车换乘旅客""高速铁路-市内疏散旅客"等多种换乘情景,考虑每一种情境下可能的换乘方式,通过对对应旅客的收益分析和换乘过程中产生的交通成本的综合计算,构建了"成本-效益"核算模型,来从客运枢纽间的乘客交流关系上探讨客运枢纽协同机理。

2.4 综合客运枢纽协同运行存在的主要问题

近年来,国家发改委、交通运输部等相关部委高度重视客运枢纽建设,密集出台《促进综合交通枢纽发展的指导意见》(发改基础〔2013〕475号)、《关于打造现代综合客运枢纽提高旅客出行质量效率的实施意见》(发改基础〔2016〕952号)、《关于加快推进旅客联程运输发展的指导意见》(交运发〔2017〕215号)等政策文件,其中关于综合客运枢纽协同服务的发展要求已非常先进、科学和明确。与此同时,随着工程建筑、移动通信、人工智能等技术的不断进步,实现客运枢纽发展目标的技术瓶颈也早已不复存在。在此背景下,京津冀城市群综合客运枢纽协同服务水平仍然长期得不到改善,还不能适应区域经济一体化发展的要求,主要表现为以下4个方面。

2.4.1 城市群客运枢纽间分工与联动不足

世界级城市群需要世界级交通体系支撑,打造分工科学、联动发展的客运枢纽体系至关重要。当前,京津冀多模式客运枢纽体系在分工与联动方面仍存在明显不足。其中,分工方面主要体现在机场主导型枢纽,如北京首都国际机场、北京大兴国际机场、天津滨海国际机场、石家庄正定国际机场等主要机场由于统筹协调不足,同质化竞争现象较为突出,北京首都国际机场客运量早已经饱和,而2018年天津滨海国际机场、石家庄正定国际机场的客运量严重不足,分别为设计客运量的65%、50%。铁路主导型客运枢纽方面,北京作为全国铁路运输的客运中心枢纽,拥有京广、京山、京原、京九、京承、京秦、京通等铁路干线,随着全国高速铁路网的建成,将形成以北京为中心的8h全国铁路快速客运交通圈。便捷的交通也带来了庞大的客流,除来京旅客外,前往北京换乘的旅客也占据了很大一部分。

联动方面主要体现在机场主导型客运枢纽与铁路主导型客运枢纽之间,首先,空铁联运是充分发挥两种长距离运输方式组合效率、提升城市群客运枢纽体系能级的重要方式,由于基础设施连通和运输服务对接等方面不足,当前京津冀城市群内普遍的空铁联运格局尚未形成;其次,铁路客运枢纽之间直接连通能实现不同方向干线客流快速到达城市群不同区域,从而大大提升出行便利度,当前京津冀城市群内特别是北京市主要铁路主导客运枢纽之间仍缺乏直接联系通道。

2.4.2 客运枢纽站场功能有待提升,布局有待完善

一是客运枢纽场站设施一体化程度不高。单体场站设施一体布局是实现旅客"零距离换乘"的基础和前提。当前投入使用的综合客运枢纽中,不同对外运输方式的设施布局仍以平面为主,以图2-4所示北京南站和天津西站为例,从铁路站台到达公路站上车点的步行距离往往需要几百米,有的甚至超过1km,给携带大件行李的旅客换乘造成较大困难,在高温、下雨等恶劣天气情况下更是不便。石家庄机场航站楼与高铁机场站换乘距离甚至超过3km,联程旅客需要乘坐接驳公交车才能到达,使得换乘便捷性、时间可靠性大打折扣。同时,由于指路标识标准不一,旅客在获取客运枢纽内换乘路线信息时也存在一定困难。

图2-4 北京南站(左)和天津西站(右)铁路与公路换乘示意

二是大型铁路客运枢纽城市客流服务的比例日益增加。随着客运枢纽的功能愈加复杂、与城市交通的连接愈加紧密,其在城市交通中服务的角色主体逐渐由铁路到发旅客转变为铁路到发旅客和城市内部客流,且城市内部客流比例逐渐增加,甚至有超过铁路到发旅客的趋势。以2015年某工作日客流为例,北京各大铁路枢纽服务的城市客流占比均超过45%,且通勤客流占比较高,具体如表2-2所示。

2015年某日北京市主要铁路客运枢纽客流比例　　　　表2-2

枢纽名称	服务到发客占比(%)	服务城市客流占比(%)	通勤客流占比(%)
北京站	48.3	51.7	19.9
北京西站	53.7	46.3	17.5
北京南站	46.6	53.4	21.6

随着铁路枢纽服务功能的愈加复杂,早晚高峰期间铁路到发客流与通勤客

流的冲突,也对客运枢纽和城市公共交通造成了很大的压力。据统计,北京各大客运枢纽早晚高峰期间出发或到达的线路全天占比均超过20%,城市的到发客流与城市早晚高峰均会有所重叠,产生的大量客流对高峰期间客运枢纽内部的换乘以及周边公交、地铁线路都产生了很大的影响。

三是布局不合理,同一区域内不同运输方式站场布局分散,设施衔接不畅,部分区域公路客运场站布局分散、功能重叠、存在恶性竞争现象。客运枢纽导向标识系统尚未做到统一、信息共享水平低。机场以及铁路、公路枢纽场站的客货流集散主要由公路承担,由于路网不完善、线路与站场规划建设进度不一致等原因造成客流集散效率不高。集疏运系统仍在建设中,大大增加了运输成本。

2.4.3 不同方式间运输服务缺乏对接

不同方式间运输服务的充分对接,是提升旅客联程联运效率的重要保障。当前京津冀城市群综合客运枢纽间、单体综合客运枢纽内各种运输方式多独立封闭运行,相互之间沟通协同明显不足,主要体现在运营时刻和运输能力两方面。

(1)运营时刻方面。如石家庄正定机场航班分时到达数量与去往其主要客源地北京的铁路发车时刻相关度很低,如图2-5所示,导致乘客候车时间过长,联运优势难以发挥;再如北京南站、首都机场的夜间列车和航班时刻异常时相关各方未能充分提前协同,常常导致旅客滞留严重。

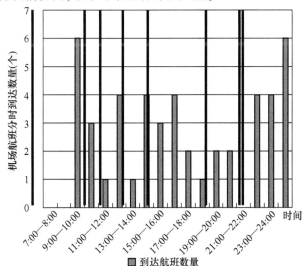

图2-5 正定机场航班分时到达数量(蓝)和去往北京火车出发时刻(红)
资料来源:课题组调研数据。

(2）运输能力方面。由于民航、铁路等对外交通方式客票售出数量等信息未实现共享，导致关联交通方式在运力安排上缺乏可靠依据，机场公交车等城市接驳方式运力不足或空载严重的情况屡有发生。

2.4.4　相关公共服务对接与共享不足

公共服务的对接与共享是精简旅客换乘流程，提升综合客运枢纽协同服务水平的重要途径。当前，我国综合运输运营层面相关公共服务"政出多门"的现象较为突出，对衔接效率影响较大的主要包括票务、安检、信息3个方面。

（1）票务方面。一是各种运输方式的票源不开放导致联程旅客需分多次、多个地点购买（或取互联网预定车票）；二是各种运输方式的票务清算不一体导致联程旅客一次出行、多次检票，既给旅客换乘带来不便，也浪费了客运枢纽空间。

（2）安检方面。当前我国航空、铁路、城市轨道交通均要求安检后乘坐，但大多客运枢纽对安检各自实施且不互认，旅客需要多次穿越扫描闸机、将行李搬下，造成诸多不必要的资源浪费和时间损失。

（3）信息方面。运营层面的不衔接，背后主要原因是信息不互通共享导致的信息孤岛问题。以旅客出行所需的班次时刻、票务、站务、衔接换乘等信息为例，虽然不同主体均有发布，但由于缺乏系统性整合、发布渠道落后和单一等问题，旅客获取相关信息的便利度不高。

2.4.5　客运枢纽协同发展体制机制不健全

近年来，客运枢纽协同运营的理念得到广泛认可，中国东方航空集团有限公司和中国国家铁路集团有限公司创新联运产品，推进联程售票，打造长三角机场群，但是个别成功案例经验多为"一事一议"，后续难以复制。客运枢纽协同运营往往涉及中央和地方、政府不同部门、政府和企业等各方面，不同主体间各自为政，统筹协调难度大，往往就事论事多，常态化机制少，"统的不够，分的无序"。

CHAPTER 3

城市群多模式客运枢纽协同服务国际经验借鉴

3.1 国际城市群多模式客运枢纽协同经验

3.1.1 法兰克福空铁联运的体制机制

法兰克福机场位于欧洲的心脏地带——德国莱茵河区域,距离欧洲主要的经济区域空中距离不超过 2h 航程,是欧洲最重要的四大机场枢纽之一,200km 服务半径内覆盖了 3800 万人口,占到德国人口数量的 1/3。在 2019 年世界大型机场客运量排名中位列第 15 名。自 1999 年以来,法兰克福在空铁联运方面做了有益的尝试,取得了许多成功经验,建立了以铁路车站为纽带的空铁融合对接的机制,将客运枢纽车站间的铁路线路纳入航空运输体系,通过虚拟航班实现旅客"一票制"空铁联程联运。空铁联运包括两种水准的服务,一是铁路设施直接衔接机场,使旅客可以通过铁路便捷地进出机场,办理购票和行李托运等各种手续都将在机场内进行。二是在第一种服务基础上的所谓"零米高度支线飞行"服务,是指机场和航空公司为旅客提供的铁路和航空之间的联程服务,旅客作为从铁路到航空旅途的中转旅客,行李自动转运,这就要求火车站应有登机办票柜台和行李输送系统,并可通过航空公司的订票系统购买联程票。

1)实现空铁联运基础设施物理连接

德国 1991 年开始运营高速铁路 ICE,法兰克福机场也进入了欧洲高速铁路网,法兰克福机场一号航站楼地下原先就设有一个早在 1972 年开通的火车站,即区域列车车站(Regional bahnhof),供德国铁路的城市快铁(S-Bahn)运行来往法兰克福市区和威斯巴登、美因茨等地的城际列车。1995 年,基本完成了空铁联运的基础设施建设,主要包括区域火车站、远程火车站和空铁联运大楼等。新的区域车站可每日接发 220 对过路列车(其中 174 对 ICE 列车),每日发送接待 23000 名旅客(每年 800 万旅客),能够通过列车抵达德国国内多数主要城市,以及德国周边国家主要城市(伦敦、阿姆斯特丹、巴黎、布鲁塞尔、苏黎世、维也纳、布拉格、华沙、哥本哈根等)。借助于发达的区域铁路和高速铁路网络,法兰克福机场为机场的旅客和行李提供了便捷的衔接设施,为空铁联运的实施提供了物理衔接基础。

2)"无缝旅行"服务

由于各种交通方式都已经建立了各自独立的票务系统,要实现旅客联程联运,就必须建立统一的集铁路、民航、公路、水运等多种交通方式于一体的联运票务系统。法兰克福采用了空铁联运代码共享模式,即仿照航空公司间的代码共享,为每一列参加空铁联运的铁路列车安排一个航班号,车号与飞机航班号之间实现代码共享。代码共享的具体内容和形式可以由各运输部门通过合同方式进行约定。德国铁路已经为德国各大车站设定了 IATA(国际航空运输协会的标志;IATA 统一制定始发站机场和城市的三字代码,如北京首都国际机场 PEK)代码,航空公司可选择一定数量的火车和若干重要的火车站(FRA 辐射范围内的区域)实行代码共享。通过和旅行代理商 AccesRail 合作,德国铁路将车次编列了 AccesRail 的 IATA 代码 9B,为德国铁路系统的车站编列了统一 IATA 代码 QYG,并安排了 9B2900~9B3999 这 1100 个"航班号"给德国铁路。在和外航的合作上德国铁路采用的是 9B 号码,而在和汉莎的合作上德国铁路进一步采用了代码共享的形式:例如,6:52 从机场开出,10:27 抵达慕尼黑的 ICE511 次列车,就挂上了 LH3400 的航班号。

机场附近的火车站设有乘机办票柜台和行李输送柜台。周边城市的旅客在火车站即可办妥值机手续。此外,航空公司和德国铁路的联营使旅客可以通过航空公司的订票系统购买联程票。

3)建立高效的联盟运营机制

空铁联运的高效运营需要各方面的高效协调和合作为保障。通常,多元化交通模式的衔接和联运应在一体化的管理下进行,必须设立凌驾于各种交通模式管理部门之上的一个领导协调小组,协调各不同利益方的关系。

为了开发空铁联运,法兰克福机场与德国汉莎航空公司和德国铁道部三方形成了空铁合作联盟,共同制定空铁联运方案和相应的利益分配机制。法兰克福机场是德国汉莎航空公司及其所在星空联盟航空公司的运营基地,也是星空联盟在欧洲的最大枢纽机场。法兰克福机场 70% 的客源是由星空联盟成员贡献的,而德国汉莎航空公司一家就给法兰克福机场贡献了 60% 左右的旅客吞吐量。作为德国汉莎航空公司及其所在星空联盟航空公司的运营基地,法兰克福机场努力满足德国汉莎航空公司的需求,允许德国汉莎航空公司持有法兰克福机场 10% 的股份。同时,与法兰克福机场保持密切沟通和紧密合作,就机场未来发展进行磋商,共同决定如何在竞争激烈的市场环境中运营更加高效。

3.1.2 纽约都市圈机场群协同运营

根据"大都市统计区(Metropolitan Statistical Area)"的定义,纽约都市区由达切斯县与普南县分区、福克县分区、纽瓦克分区、纽约-新泽西-白原市分区4个分区组成,面积大约为1.74万km^2,2019年人口达到2369万人,GDP达到1.66万亿美元。

纽约都市区设有纽约新泽西港口事务局(The Port Authority of New York and New Jersey,以下称纽新港务局),是纽约机场群的主要管理机构,由纽约州和新泽西州两州政府主导成立,主要负责机场、铁路、港口等重大交通基础设施的建设、运营和维护,它是这些公共交通基础设施的管理机构和产权所有者。纽约都市区共有7座运输机场。其中,肯尼迪机场(John F. Kennedy International Airport)、纽瓦克机场(Newark Liberty International Airport)、拉瓜迪亚机场(LaGuardia Airport)和斯图尔特机场(Stewart International Airport)4座主要机场由纽新港务局统一管辖。

1) 机场群始于各自建设,并向统一管理逐步推进

纽约新泽西港区管委会(The Port Authority of New York and New Jersey)成立于1921年,具有广泛综合规划职能、相当规模的基础设施资源控制能力和跨区域协调能力,是纽约和新泽西两个州为了改善纽约港区交通状况,在不增加联邦政府权力前提下,共同探索的一种基于自主合作方式的州际联合管理机构,负责对整个纽约港区的交通状况进行全面研究,并向两个州政府提出改进计划和发展规划,对区域内基础设施规划进行统一协调和运行管理。从1943年开始,纽约新泽西港区管委会对这两个州在该地区的机场、汽车站和海港实行统一规划和统一管理。

2) 市场适度竞争下机场功能定位,形成差异化发展格局

3大机场地理位置接近,肯尼迪机场与拉瓜迪亚机场、纽瓦克机场的直线距离分别为17km和34km。拉瓜迪亚机场与纽瓦克机场的直线距离为25km,腹地高度重合,但在纽新港务局的统一管辖下,各机场主动寻求差异化的定位和发展路线,避免恶性竞争。肯尼迪机场定位为大型国际航空枢纽,主营国际航班,以远程旅客为主;纽瓦克机场定位为大型国际航空枢纽,主营国际航班、部分国内航班;拉瓜迪亚机场定位为国内干线机场,但是由于机场周围被高密度开发,无法扩建跑道,主营国内航班、以短途航空运输为主,与前述两个机场的国际航线形成互补。洛根国际机场、费城国际机场和巴尔的摩机场属于不同的行政单位管理,在定位上虽然都是主要的国际航空枢纽,但是国际航运份额少于肯尼迪和

拉瓜迪亚机场。根据 2018 年美国各机场国际旅客客流占比情况可知,肯尼迪机场占比 54%,排名第一;纽瓦克占比 30.1%,排名第四;洛根国际机场占比 17.9%,排名第十二;而枢纽市内其他机场的国际旅客比例较低,由此可见纽约机场群的各大枢纽逐渐有了国际和国内航空枢纽的分工。为了缓解高峰时段的航班厌恶现象和因延误带来的损失日益剧增,1968 年美国政府的联邦航空局 (FAA)制定了高交通密度机场航班时刻管理条例,对纽约肯尼迪机场在东部时间下午 3:00~8:00 高峰小时期间的跨大西洋地区航班需求进行数量限制,并提高高峰小时期间的机场起降费用,以限制这些机场的小型飞机或短程航班,这一政策的出台在客观上促进了纽约地区机场群成员对各机场的市场定位,使其进一步合理和专业化。各机场基于不同的发展目标和定位,在基础设施、交通接驳、航司引进、航线布局、运力投放等方面体现出良好的竞合关系,在都市圈层面形成合力,共同服务纽约都市圈腹地市场。

3)航空枢纽定位为公共基础设施提供公平竞争平台

纽约机场群的机场属于政府投资和管理的机场,是公共基础设施和国家战略资源。纽约州和新泽西州政府提供土地用于机场建设,纽新港务局作为特许经营机构获得机场的运营管辖权,对机场运营进行统筹管理。这种管理模式是由港务局提供必要的公共服务保障旅客需求,以市场机制管理商业服务提高运输品质和效率。对于旅客有需求,但服务经营商业利润很薄甚至亏损的服务项目由机场提供,例如投资建设跑道和配套设施,提供必要的基础设施和信息服务。同时,在纽新港务局代表政府进行统一管理的前提下,开放机场航空性和非航空性的商业服务,利用市场机制引进服务商提高资源使用效率。随着机场系统整合进程的逐步深入,管理机构在多机场系统范围内逐步实施统一管理和措施,保证系统内不同层次机场的协调发展和整个系统运营效率的提高,逐步形成机场资产管理和机场运行管理的专业化。

3.2 国内珠三角城市群多模式客运枢纽协同探索

3.2.1 珠三角城市群客运枢纽一体化规划

珠三角城市群总面积约 5.5 万 km^2,以广州、深圳为核心,包括珠海、佛山、江门、东莞、中山、惠州、肇庆共 9 个城市,是我国几大城市群中经济最有活力、城市化率最高的地区之一。珠三角城市群常住人口约 5874 万,生产总值达到 6.8 万亿元。珠三角城市群发达的经济和密集的人口产生了大量的人流、物流,运输需求增长快,面临的资源环境约束突出,是加快转变交通运输发展方式、推进综合运输体系建设的重要驱动力和重要空间单元。

3.2.2 客运枢纽存在主要问题

随着珠三角城市群经济社会的进一步发展,广东全省旅客出行需求越来越大,对服务质量的要求也越来越高。然而铁路、轨道、汽车客运站等独立建设,衔接不畅,铁路、轨道、公路站场与客运港口布局之间合理衔接、协调发展不足,不仅增加了旅客出行时间和费用,也增加了城市交通压力。

(1)各交通方式的客运站场已自成体系。由于交通行政管理体制的分割,各种交通方式及其站场各自规划、建设和运输组织、营运管理。现存的大量客运站,较少从综合交通运输体系角度考虑空间共用和功能互补,改造整合难度大。

(2)综合运输整体效率不高。依托共同站场空间建设综合客运枢纽已基本形成共识,但在规划、设计、建设过程中仍需进一步统筹协调。表现为尽管可在站场广场范围内换乘,但步行距离较长,交通方式的换乘未能全部在站内范围内完成。各种交通方式间、城市交通和区域交通之间衔接仍不够紧密,信息共享性、运输组织协调性仍有待提高。

(3)综合客运枢纽总体建设滞后。除少数几个典型客运枢纽具备综合客运枢纽特征外,大部分城市综合客运枢纽规划建设滞后,交通方式间换乘便利性较差。综合客运枢纽规划建设总体较为滞后。功能相对完善、衔接较为顺畅的综合客运枢纽大部分还处于规划研究阶段。

3.2.3 综合客运枢纽分类要素及分类

综合客运枢纽既可体现交通方式的综合,也可实现服务功能的综合。单一的分类要素比较难以对综合客运枢纽进行全面的分类。胡迎鹏针对珠三角城市群综合客运枢纽存在的问题,提出了以组合规模流量、主导交通方式、服务范围、腹地范围和辐射范围为分类要素,将综合客运枢纽分为 3 类,如表 3-1 所示。

综合客运枢纽分类　　　　　　　　　　　表 3-1

分类	组合客流总量	服务范围	辐射范围	服务功能	说　明
一类	特大型/大型	国家级/省级	国际省际	国际、省际出行、市际、市域出行	国家中心城市或口岸城市,依托枢纽机场或大型机场、国铁(含客运专线)的始发终到站
二类	大型/中型	省级/市级	省际市际	省际、市际出行、市域出行	地级以上市所在地,除一类外,依托中小型机场、国铁(含客运专线)中间站、城际轨道始发终到站、重要换乘站
三类	中型/小型	市县级	市际县际	省际、市际出行、市、县域出行	县、区所在地,除一、二类外,依托国铁(含客运专线)中间站、城际轨道中间站、港口客运站

1) 分类要素1——组合规模流量

以组合客流规模作为综合客运枢纽分类划分的一个决定指标,分类明确,对于行业部门在综合客运枢纽的设计、建设层面具有较明确的指导作用。一般认为,组合客流总量>10.00万人次/d的为特大型综合客运枢纽,2.00~10.00万人次/d的为大型综合客运枢纽,2.25~5.00万人次/d的为中型综合客运枢纽,小于2.25万人次/d的为小型综合客运枢纽。

2) 分类要素2——主导交通方式

综合客运枢纽衔接了多种交通方式,不同交通方式的服务功能、辐射范围不同,对应功能的重要性也不同。按照其交通方式的重要性,综合客运枢纽衔接的交通方式可以分为主导交通方式和配套交通方式。据此,以功能为导向,以主导交通方式为条件,综合客运枢纽依次分为航空主导型综合客运枢纽、铁路主导型综合客运枢纽、水运主导型综合客运枢纽和公路主导型综合客运枢纽。

3) 分类要素3——服务范围

与单一交通方式的客运枢纽类似,通过服务范围影响因素来划分,综合客运枢纽可划分为国家级综合客运枢纽、省级综合客运枢纽和市县级综合客运枢纽。

4) 分类要素4——腹地范围

综合客运的腹地范围,是指其吸引范围、吸引地区,可分为3类:都市圈腹地、市区腹地、城市片区腹地。一般腹地范围大的综合枢纽,其对外辐射服务的功能也强。按腹地范围分类,可以直接指导集疏运设施的配置。如都市圈腹地,则需要配置城际轨道、城际公路客运等方式来为综合客运枢纽的集疏运服务。

5）分类要素 5——辐射范围

与单一交通方式的客运枢纽类似,从辐射范围的角度,综合客运枢纽可划分为国际综合客运枢纽、省际综合客运枢纽、城际综合客运枢纽和城乡综合客运枢纽。

3.3 经验与启示

日本首都圈、美国波士华、欧洲大伦敦区域等城市群以及我国长三角、京津冀等城市群交通运输发展规律显示,城市群交通运输一体化发展,推进客运枢纽一体化的经验重点主要包括两方面:一是统筹规划城市群内各客运枢纽功能定位;二是营造良好的制度环境,如制定区域交通规划,成立统一的管理机构,加强交通监管等。

3.3.1 以完善的法律为制度保障

城际间多种交通方式必定涉及多个城市、多个部门协调合作。运营时刻表、票价和票据形式等都要有协调统一管理。那么是谁在这些管理者间进行协调呢?首先,德国通过一系列立法,明确了城市公共交通属社会公益事业,联邦、州、市镇政府在城市公共交通发展中担负主要责任。地方政府通过公开招标的形式购买公共交通运输服务。政府不参与公共交通的运营和组织,但对服务质量、数量有详细的监管和考核。另外,交通运输协会(交通联盟)也发挥着重要的协调作用。交通运输协会承担着一个区域内公共交通标准的制定,服务质量和数量的监管,时刻表、运营模式、车票样式和票价的统一等工作,最大限度为乘客提供高效便捷的城际公共交通服务。

3.3.2 统筹规划城市群内各客运枢纽的功能定位

为避免恶性竞争、资源浪费,政府或运营机构多统筹规划城市群内各机场的功能定位。伦敦都市圈分布有 5 个民用运输机场,分别为希思罗机场(LHR)、盖德威科机场(LGW)、斯坦斯特德机场(STN)、卢顿机场(LTN)和伦敦城市机场(LCY),每个机场在伦敦机场系统中都有明确的市场定位和服务对象,在区域机场体系中扮演着不同的角色,如表3-2所示。

伦敦机场系统中各机场的定位　　　　　表3-2

名　称	市场定位	主要服务对象及运营的航空公司
希思罗机场（LHR）	洲际、长途旅客、中转旅客	常规航空公司、几乎没有包机公司和低成本航空公司,是英航的主要枢纽机场
盖德威科机场（LGW）	部分洲际、远程旅客、包机、低成本旅客	常规航空公路、包机公司和低成本航空公司
斯坦斯特德机场（STN）	低成本航空服务和航空货运	低成本航空公司和货运航空公司,是瑞安航空公司的基地机场,也是联邦快递、日本货运公司在英国的航空货运中心
卢顿机场（LTN）	低成本航空服务和航空货运	包机公司、低成本航空公司及私人飞机旅客
伦敦城市机场（LCY）	商务旅客和私人飞行	商务飞机公司

3.3.3　多主体联动的区域协调机制

美国东北部大西洋沿岸城市群内,区域之间的协调是基于"政府-非政府-市场"的多重作用,形成了政府制度引导、行业专业指导和市场竞争驱动的多主体协同机制。

(1)政府层面。联邦政府会就综合运输等问题在全国层面出台法案,并安排相应的基础设施建设,例如1991年出台的《多模式地面运输效率法案》对交通整合的要求,在很大程度上促使交通规划从相对单一的专项规划向区域发展的综合性规划转变。通过组建大都市区规划组织(MPO),将来自不同部门、分属不同地区的政府官员组织起来,共同协调交通规划和交通基础设施投资计划的编制,并赋予这些机构在区域交通规划和交通基金申请中一定的职权和义务,使之与州政府之间在交通规划和基础设施建设中形成互相协调、互相制约与反馈的机制。图3-1为美国纽约大都会交通运输委员会组成机构及职责。

(2)非政府组织层面。民间组织在区域管治中发挥了重要作用。1922年成立的纽约区域规划协会(PRA),是一个独立的非营利性的地方规划组织,其主要职责是针对大纽约都市区的发展,制定跨行政边界的综合规划,先后于1929年、1968年和1996年发表了对纽约大都市地区的规划研究成果,并鼓励政府与私人组织合作,推动规划实施,影响力不断提升,有力促进了纽约城市群交通的一体化发展。

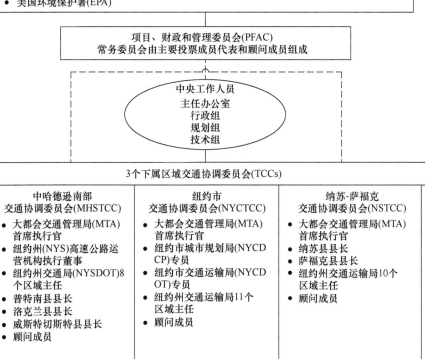

图 3-1　美国纽约大都会交通运输委员会(NYMTC)

(3)市场机制层面。由于各城市间的资源禀赋不同,交通优势、技术优势等多方面存在差异,通过建立开放、公平的市场竞争机制,驱动各城市优势互补,进而实现了资源的合理配置及区域交通的协同发展。

我国长三角地区确立了省级主要领导座谈会这一协调模式,两省一市共同搭建了"构建区域大交通体系专题组"平台,每年定期召开交通专题联席会议,成立了道路运输管理、公路建设和管理、铁路建设、民航发展与建设、港口和航运发展5个专业协调小组,建立了交通厅(委)层面的日常沟通协调机制,在规划衔接、项目协调、运输一体化等方面开展了卓有成效的工作。

3.3.4 注重区域信息共享,实现跨市交通管理和信息服务协同

跨地区交通信息的充分快速共享能够有效提高跨界交通及多方式联运的效率。日本关西地区(包括京都、大阪、神户等)为游客提供统一的交通信息服务(包括机场、国铁、私铁、地铁以及公交汽车等),建立乘车卡系统,游客同一乘车卡可在多个地区的多种运输方式上使用。欧洲推动 TRIDENT 研究并开展系统建设,利用规范的信息交换机制打破了各区域及国家间界限,实现了地铁、城市公交以及铁路、道路交通之间的信息交换和共享。

3.3.5 以新技术为升级的台阶

技术的进步是推动交通革命的关键因素。世界各城市群交通一体化发展历史上都紧紧抓住了历次交通技术的进步,推动了交通一体化的快速发展。例如芬兰打造"出行即服务"平台,将一次联运出行定义为一个完整一体的产品进行销售,形成创新性的商业模式,承担全程组织责任,以"一站式"服务将旅客从自行组织出行的工作中解放出来。按照一定条件要求,为用户规划包括多种运输方式的最优化出行路径。旅客确认方案选择后,平台自行办理购票、付款、电子出票、提醒出行、办理登乘、改签、与其他平台对接进行后续报销等一系列手续。同时,基于用户的出行需求,共享数据帮助交通运营者改善服务。

CHAPTER 4

城市群多模式客运枢纽一体化规划思路与方法

4.1 城市群客运枢纽发展现状分析

4.1.1 发展概况

京津冀城市群占地面积21.6万km^2,占全国总面积2.3%,3地人口1.1亿人,占全国总人口8.03%。京津冀城市群包括北京、天津两大直辖市以及河北省的张家口、承德、秦皇岛、唐山、沧州、衡水、廊坊、保定、石家庄、邢台、邯郸等11个地级市和定州、辛集2个省直管市。在我国初具规模的近30个城市群中,京津冀城市群综合排名位居前列。根据《京津冀协同发展规划纲要》,未来京津冀将打造以首都为核心的世界级城市群和区域整体协同发展改革引领区。目前,京津冀城市群内机场、铁路、公路等枢纽基础设施基本齐备。

4.1.1.1 航空主导型客运枢纽

京津冀城市群共有民用机场9个。其中,北京市共有2个机场,分别为北京首都国际机场、北京大兴国际机场。天津共有1个机场,为天津滨海国际机场;河北省共有6个机场,分别为石家庄正定国际机场、邯郸马头机场、秦皇岛北戴河机场、承德普宁机场、唐山三女河机场和张家口宁远机场。其中,北京首都国际机场、北京大兴国际机场、天津滨海国际机场和石家庄正定国际机场为枢纽机场。京津冀城市群航空主导型客运枢纽分布如表4-1所示。

航空主导型主要客运枢纽一览表   表4-1

序号	名称	功能定位	换乘交通方式
1	北京首都国际机场	北京首都国际机场是保障北京地区经济发展和推动京津冀一体化发展的重要基础设施之一,是保障北京地区经济发展和推动京津冀一体化发展的先导性产业之一。是推动京津冀一体化的重要纽带,也是实现京津冀综合交通、物流一体化合作的主推力,是京津冀一体化发展的重要抓手	轨道交通、机场公交车、出租汽车
2	北京大兴国际机场	北京大兴国际机场是大型国际航空枢纽,国家发展新的动力源,支撑雄安新区建设的京津冀区域综合交通枢纽;将与北京首都国际机场形成协调发展、适度竞争、具有国际竞争力的"双枢纽"机场格局,推动京津冀机场建设成为世界级机场群	轨道交通、机场公交车、出租汽车

续上表

序号	名称	功能定位	换乘交通方式
3	天津滨海国际机场	天津滨海国际机场为4E级民用国际机场，是中国国际航空物流中心、国际定期航班机场、对外开放的国家一类航空口岸和中国主要的航空货运中心之一	轨道交通、机场公交车、长途线路、出租汽车
4	石家庄正定国际机场	石家庄正定国际机场为4E级民用国际机场，是京津冀城市群的重要空中门户、北京首都机场的备降机场、区域航空枢纽、中国北方重要的国际航空货运中转基地	机场公交车、省内直通车、铁路、出租汽车
5	邯郸马头机场	邯郸马头机场为4C级中国国内支线机场	机场公交车、出租汽车
6	秦皇岛北戴河机场	秦皇岛北戴河机场为4C级民用支线机场，临时航空口岸机场，是秦皇岛市第二座机场，服务范围辐射葫芦岛、朝阳、唐山、承德、赤峰等市	机场公交车、出租汽车
7	唐山三女河机场	唐山三女河机场为4C级军民合用支线机场，对提升唐山市城市品位、扩大知名度和影响力、城市功能的完善、地位的提升有着战略性的意义	机场公交车、出租汽车
8	张家口宁远机场	张家口宁远机场为4C级军民合用支线机场，张家口宁远机场正式通航，使张家口成功打造空中廊道，补齐了现代立体交通网络的"最后一块短板"	机场公交车、公交线路、出租汽车
9	承德普宁机场	承德普宁机场为4C级旅游支线机场，承德机场的通航有力推动了京津冀机场群的建设步伐，标志着河北省在张家口、承德、秦皇岛的支线机场空间布局基本成型，石家庄机场区域枢纽功能进一步完善	机场公交车、出租汽车

4.1.1.2 铁路主导型客运枢纽

目前，京津冀城市群共有铁路客运枢纽38个，其中北京市6个、天津市9个、河北省23个，京津冀城市群铁路主导型客运枢纽分布如表4-2所示。

铁路主导型主要客运枢纽一览表　　　　　　表4-2

序号	地区	枢纽名称	数量
1	北京	北京南站、北京西站、北京北站、北京站、丰台站、清河站	6个
2	天津	天津站、天津西站、天津南站、天津北站、滨海站、武清站、塘沽站、滨海北站、军粮城北站	9个
3	河北	石家庄站、正定机场站、石家庄北站、石家庄东站、唐山站、唐山北站、秦皇岛火车站、北戴河火车站、山海关火车站、邯郸东站、邯郸站、邢台东站、邢台站、保定站、保定东站、张家口站、承德站、沧州站、沧州西站、廊坊站、廊坊北站、衡水站、衡水北站	23个

4.1.1.3 公路主导型客运枢纽

目前京津冀城市群共有公路客运站 800 余个，主要公路客运站 46 个，其中北京市共有主要公路客运站 14 个，天津市共有主要公路客运站 8 个，河北省共有主要公路客运站 24 个。京津冀城市群公路主导型客运枢纽如表 4-3 所示。

公路主导型主要客运枢纽一览表　　　　　　　　表 4-3

序号	地区	枢纽名称	数量
1	北京	东直门交通枢纽、西苑交通枢纽、宋家庄交通枢纽、四惠交通枢纽、篱笆房交通枢纽、动物园交通枢纽、西直门交通枢纽、六里桥客运主枢纽、天通苑北交通枢纽、北京赵公口汽车站、北京莲花池长途汽车站、永定门长途汽车站、八王坟长途汽车站、新发地长途客运站	14 个
2	天津	天津西站客运站、通莎长途客运站、红桥客运站、蓟州客运站、静海长途汽车站、宝坻客运站、芦台客运站、滨海客运总站	8 个
3	河北	石家庄客运总站、保定客运中心站、定州汽车站、廊坊长途汽车站、邯郸客运中心站、邯郸汽车客运总站、沧州客运西站、白佛长途汽车站、石家庄客运北站、南焦客运站、石家庄西王客运站、石家庄运河桥客运站、唐山汽车客运东站、唐山汽车客运西站、唐山丰润汽车站、秦皇岛长途汽车站、承德汽车东站、承德汽车北站、张家口汽车客运站、张家口汽车客运南站、邢台中心汽车站、邢台汽车客运东站、衡水汽车总站、衡水汽车东站	24 个

4.1.2 京津冀客运枢纽问题分析

由于缺乏统筹规划和建设，京津冀区域内的各客运枢纽互联互通效率有限、运输资源配置不平衡，综合交通效能没有得到充分发挥。京津冀局部交通要塞容量饱和、交通拥堵、人员滞留等情况时常发生。当遇到突发事件、不可抗力等情况影响正常交通时，就会有大批旅客滞留，不但增加了运营成本，也增加了旅客出行成本和时间成本。另外，由于旅客在交通枢纽内的不断聚集，加之信息沟通不畅，有时就会出现极端事件。

4.1.2.1 北京承担换乘客流过多

北京作为全国铁路运输的中心枢纽，拥有京广、京山、京原、京九、京承、京秦、京通等铁路干线，随着全国高铁网的建成，将形成以北京为中心的 8h 全国铁路快速客运交通圈。便捷的交通也带来了庞大的客流，除来京旅客外，前往北京换乘的旅客也占据了很大的一部分。

以东北地区前往华中地区的旅客为例,目前铁路线路已经比较发达,大部分城市之间都开通了直达的线路,但是开通的直达线路中以快速铁路列车为主,出行效率较低。旅客通常会倾向于选择更加高效便捷的高速铁路出行,因此需要在中途换乘其他线路出行,北京由于其优越的区位和便利的交通条件,吸引了大量旅客前往换乘,而天津和河北省的铁路枢纽,即使其换乘条件更加方便,但受到列车运营时间衔接的影响,前往换乘的客流比例仍然相对较低。

4.1.2.2 综合客运枢纽的功能过于单一,功能发挥有限

客运枢纽已不再是"单一功能"的对外交通节点,随着城市的发展,不同交通方式的接驳,突破"单一"交通功能,逐渐发展成"多功能"的城市综合服务体,是客运枢纽发展的必然趋势。

但相比客运枢纽自身良好的条件,其周边地区的发展,通常存在着"空间品质低、城市功能混乱"的问题。一方面,现有铁路客运枢纽通常采用上跨式车站,这种车站在一定程度上增加了建筑规模,但线路、车站和场站设施等也造成了城市空间的割裂,导致城市周边地区的空间结构呈现零散的状态,且大面积占用的土地导致客运枢纽周边的道路无法穿越铁路,影响周边交通环境。

4.1.2.3 航空客运枢纽与省内主要客流集散点的联系有待提高

大兴机场建成后,随着南方航空和东方航空的航线业务的迁移,其承担的客流任务也逐渐增加。大兴机场位于北京与河北的交界处,定位为大型国际航空枢纽、国家发展的一个新的动力源、支撑雄安新区建设的京津冀区域综合交通枢纽,其辐射范围及与周边的联系紧密程度决定了其带动作用的发挥。目前大兴机场开通了前往保定、天津、廊坊、唐山的长途客运班线;但面对北京市内的客流只开通了前往北京站、北京南站、北京西站、通州、房山、宣武门的机场公交车线路,缺少前往燕郊、王府井、四惠、昌平等主要客流集散点的客运班线。

河北省各市区与石家庄正定机场之间主要通过长途汽车客运班线联通,但是不能覆盖全面,且通常每天只有3个发车班次,不能满足各地乘客的出行需求。而其他小型机场,则普遍没有长途班线联通,乘客出行只能通过各自的市内机场公交车前往。

4.1.2.4 客运枢纽之间衔接效率有待提高

1) 城市群内客运枢纽之间衔接效率有待提高

以北京市为例,由首都机场前往北京各大铁路客运枢纽,乘坐公共交通时间

均超过 1h；由于机场客流带来的交通压力，若选择开车前往，经常会遇到交通拥堵的情况，其花费的时间甚至可能会高于乘坐公共交通。

同时承担了北京市绝大多数客流的 4 个主要铁路客运枢纽之间也缺少相互接驳的专用公交线路，且存在的接驳线路由于存在公交站点的安排位置不合理、准点率不高等因素，大部分乘客会选择更加便捷的地铁作为前往另一个客运枢纽的交通方式。

2）跨城市群客运枢纽之间衔接效率有待提高

京津冀区域跨省客运枢纽连接方面存在的问题主要存在于航空客运枢纽与其他客运枢纽的衔接上。航空客运枢纽方面除石家庄正定机场能够与京广高铁无缝衔接外，其他航空客运枢纽通常需要换乘公交车、机场公交车等前往。且航空客运枢纽之间普遍没有直达的交通方式，以首都机场为例，在理想交通条件下，驾车前往天津滨海国际机场需要 2h 左右，前往石家庄正定机场时间约为 3.5h 左右，若选择公共交通方式前往，其时间可能会达到 6h 以上，远超旅客的预期。

而航空客运枢纽与跨省铁路、公路客运枢纽之间交通方式的衔接更为不便，虽然石家庄正定机场、天津滨海机场均开通了异地候机楼服务，大兴机场也开通了与周边大型客运枢纽如天津西站客运站、廊坊客运总站等汽车长途班线，但由于城际客运网络覆盖不全面的因素，其覆盖范围依然不够全面。而空铁联运则受到了列车运营时间以及高铁站与航空客运枢纽之间交通衔接的限制，同样会使旅客出行成本增加。

4.2　城镇化背景下多模式客运枢纽发展形势及布局要求

城镇化背景下，城市群客运需求呈现新的特征，城市群多模式客运枢纽发展呈现新趋势，对多模式客运枢纽布局提出新要求。

4.2.1　城镇化背景下城市群多模式客运枢纽发展形势

目前，覆盖全国的区际、城际、城市、城乡的交通网络已初步形成，有力支撑了城镇化地区经济社会发展。未来，按照国家新型城镇化发展要求，将构建结构优化、层次多样、快速便捷的综合交通运输网络，以提升一体化运输服务水平，有效支撑和引导城镇化发展。

城镇化背景下城市群多模式客运枢纽发展的主要形势可以总结为以下几方面：

(1)注重与区域空间协调，各城市群综合客运网络覆盖面大幅提升，形成层次清晰、统筹协调、结构优化的城市群综合客运网络，引导和支撑城镇化发展。

为适应城镇化地区核心城市、节点城市、小城镇间的运输需求，通过强化与城市交通网的衔接，形成层次清晰、功能互补、互联互通的快速和普速交通网。此外，优先发展城际铁路和市域(郊)铁路，强化轨道交通的骨干作用，统筹各种运输方式协调发展，优化运输结构，提高路网运行效率。

(2)注重客运服务品质的提升，强化客运枢纽建设，服务向更便捷、舒适的方向发展。

为提升客运服务品质，强化城市群多模式客运枢纽建设，优化运输组织，创新运营管理模式，提供便捷化、人性化、"门到门"的客运服务，提高区域客运交通的时效性和舒适性。

(3)注重发展集约高效、绿色低碳的交通方式，城市群客运交通结构发生变化。

未来，城镇化发展将以公共交通为主导，综合利用土地、通道等资源，推广应用先进的交通节能和减排技术，挖掘存量潜力，推进大运量公共交通基础设施建设，倡导绿色出行，区域客运交通结构将发生变化。

4.2.2 城镇化发展对多模式客运枢纽布局的要求

根据城镇化背景下城市群客运需求特征和多模式客运枢纽发展的形势，城镇化背景下多模式客运枢纽布局需满足以下要求，以更好的支撑城镇化发展。

(1)多模式客运枢纽布局要与城市群发展协调，以打破行政区划界限并引导和支撑城镇化发展。

城市群是城镇化发展的主要形态，城市群多模式客运枢纽布局要打破行政区划界限，通过不同层级城市群多模式客运枢纽对枢纽周边区域的带动作用，引导全国各城市群的城镇化有序、协调发展，最终形成大中小城市、小城镇、农村社区等协调发展的模式。具体包括：加强高等级综合客运枢纽的建设，通过高等级综合客运枢纽的辐射作用，带动周边中小城镇发展；加快中低等级客运枢纽商务建设,改善中小城市的对外交通,促进中小城市、城镇的发展。

(2)综合客运枢纽布局思想要与城镇化背景下的城市群客运需求特征相适应,以提升城市群综合客运服务品质。

城镇化快速发展过程中,要求结合分层次、高强度、多样化、重时效的客运需求特征,优化城市群客运组织模式和布局模式,形成与城镇化背景下城市群客运需求相适应的城市群多模式客运枢纽分层布局思想(包括明确的客运枢纽层级划分、辐射范围、服务功能定位、客运组织模式和分层布局模式等),构建"需求导向、层次清晰、统筹协调、结构合理"的高效能城市群多模式客运枢纽体系,进而满足城市群旅客出行对便捷性、舒适性等方面的要求,提升客运服务品质。

①需求导向。以需求为导向,满足城镇化时期的城市群综合客运需求。

②层次清晰。形成分层的客运枢纽体系,通过分层级的客运枢纽提供分层次的客运服务。

③统筹协调。不同层级城市群多模式客运枢纽之间并不是毫不相干的,相反,它们是一个系统,需要协同运行。因此,应对各层级城市群客运枢纽进行统筹布局以优化系统的整体效能,高效地满足城镇化背景下不同层次的客运需求。

④结构合理。形成合理的客运枢纽层级结构,提供多样化的客运服务。

4.3 城市群客运需求特性分析

基于手机信令数据获取京津冀13个城市之间的居民出行OD量,将从出行需求、出行空间分布、出行时间分布和出行时耗4个方面分析城市群交通需求特性。

4.3.1 出行需求

通过数据采集及预处理,收集京津冀联通手机信令数据与历史客票数据并对数据进行预处理。再依据起讫点等出行需求数据,进行京津冀城市群间发生联程出行的客流量的初步辨识。从宏观角度分析,京津冀区域的交通出行需求如图 4-1 所示，主要呈现"一个中心，多区域互动"的特点。

（1）一个中心：以北京为中心，呈发散状与城市群内多区域互动，北京市南部跨区域出行频繁；

（2）多区域互动：各地级市以自身主城区为中心，与周边县市活动密切；

（3）多廊道：北京—燕郊、北京—石家庄、北京—秦皇岛联系密切。

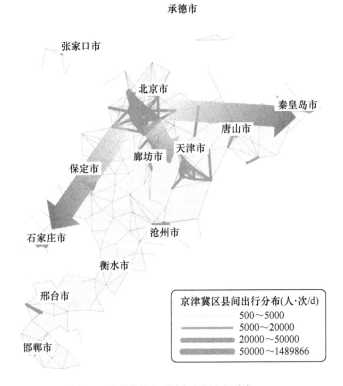

图 4-1　京津冀城市群城市之间出行需求

4.3.2　出行空间分布

针对城市群客运出行需求的感知，选择京津冀城市群城市之间的出行分布 OD 进行研究，利用手机信令数据识别城市群范围内出行用户的出行端点，基于辨识算法提取每个用户出行过程中的停留点，并进一步得到出行时间、出行端点、出行行程时间等信息，并将出行端点匹配到城市群内具体的城市，汇总所有用户的数据得到城市之间的出行 OD 量，如图 4-2 和图 4-3 所示。

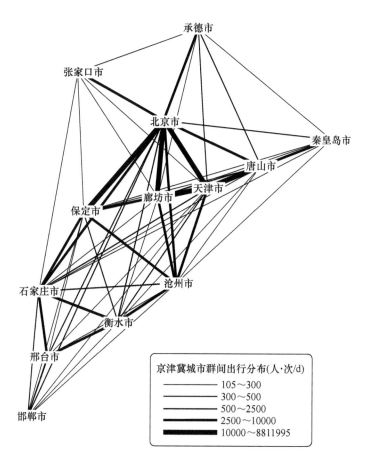

图 4-2 工作日 OD 强度图

京津冀地区各城市间的日均出行总量约为 40 万人次,从 OD 强度图中可以看出,联系较紧密的城市有北京、天津、保定、廊坊和唐山,其中北京对外辐射影响较强的 3 个城市分别是天津、保定和廊坊。一方面,空间距离的因素会直接影响城市间的交通联系;另一方面,城市的经济也是影响交通联系的重要因素。

从图 4-4 中的对比可以看出,北京、天津和廊坊市的交通产生和吸引均为京津冀地区的前三,并且廊坊市超越天津成为对外交通第二繁忙的城市。从经济实力和城市属性来看,北京市是国家首都,并且经济实力雄厚,为一线的大城市,所以日常与其他省市的联系频繁,并且对外吸引比对外产生量大;天津作为 4 个直辖市之一,又因靠海的地理优势,是京津冀城市群中除北京外的第二大城市,所以其对外的交通产生和吸引也会相应较高。廊坊市毗邻北京和天津,因为距离近所以两个中心城市对廊坊的辐射能力更强,有着更多的通勤交通和各产业联系,并且许多出入北京和天津的出行都需要经过廊坊,更增加了廊坊与其他城市之间的出行 OD 量。

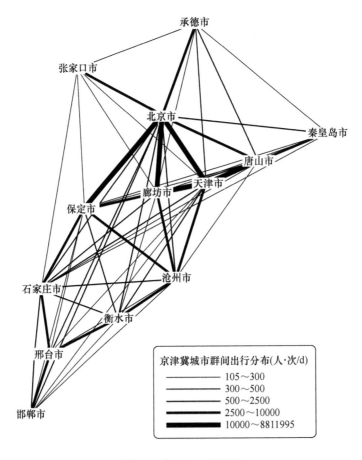

图 4-3　休息日 OD 强度图

通过图 4-5 中可以看出,对比京津冀地区中的各城市,廊坊市的对外出行占比最高,休息日和工作日的数值均达到了 9% 左右;其次是保定市,休息日的对外出行占比超过了 4%;北京市最低,两天的对外出行占比只有 1% 左右。通过与对外出行总量的情况进行对比分析,北京市对外出行占比最低的原因是其出行总量过高,其中城市内部的出行占了很大的比例;而廊坊和保定的出行总量在京津冀地区却处于较低的水平,这也侧面反映了这两个城市内部的发展程度还较低,所以更多的居民选择外出工作或出游。

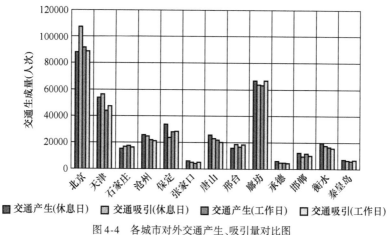

图 4-4　各城市对外交通产生、吸引量对比图

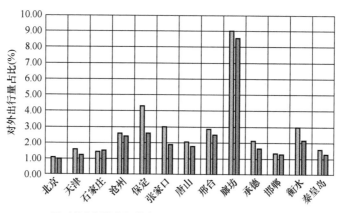

图 4-5　各城市对外出行量占比对比图

4.3.3　出行时间分布

以京津冀城市群核心城市为例,计算北京市、天津市和石家庄市对外出行时间分布,具体如图 4-6 和图 4-7 所示。

从图 4-6 可以看出,在周末,3 个核心城市对外出行时间分布高峰都在 13 时左右。从图 4-7 可以看出,在工作日,核心城市对外出行时间分布高峰略有不同,北京对外出行高峰在 16 时左右,天津对外出行高峰在早上 6 时和中午

11时左右,石家庄对外出行高峰分布在中午12时左右,这显示了京津冀城市群核心城市的吸引力和功能定位,此外,这也与上班通勤出行的高峰较为吻合。

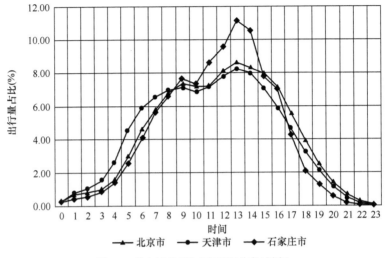

图 4-6　核心城市对外出行时间分布(周末)

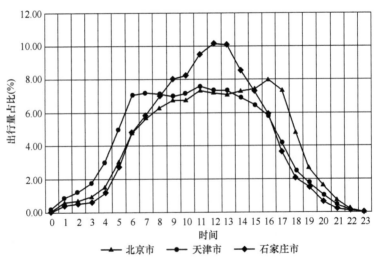

图 4-7　核心城市对外出行时间分布(工作日)

分析完城市群核心城市对外出行时间分布后,下面再分析核心城市间出行时间分布规律。

通过图4-8和图4-9分析可得,城市群核心城市间周末出行高峰主要分布在12~14时间,呈现显著金字塔形。相反,在工作日,核心城市间出行高峰具有双峰趋势,主要分布在早上8时左右和中午14时左右,属于典型工作出行,京津冀城市群由于核心城市石家庄距离北京较远,双峰趋势较弱。

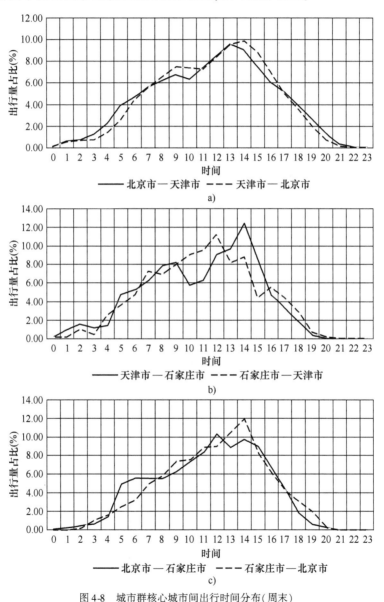

图4-8 城市群核心城市间出行时间分布(周末)

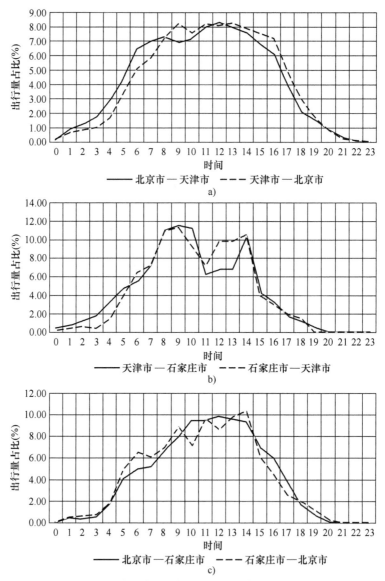

图 4-9 城市群核心城市间出行时间分布（工作日）

4.3.4 出行时耗

以京津冀城市群核心城市为例，计算北京市、天津市和石家庄市对外出行时耗分布，具体如图 4-10 和图 4-11 所示。

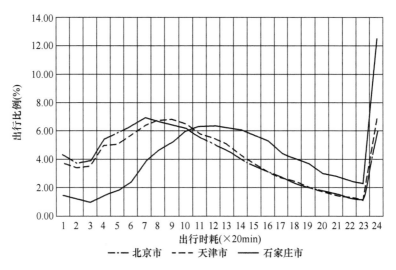

图 4-10　城市群核心城市周末对外出行时耗分布

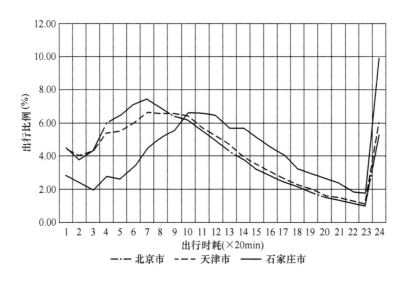

图 4-11　城市群核心城市工作日对外出行时耗分布

从出行时耗分布图可得,北京市和天津市对外出行时耗分布趋势基本一致,在 130min(端到端出行)前后达到高峰,该时间与旅客京津两地间端到端出行时间基本吻合。此外,由于石家庄位于京津冀核心城市较远处,其对外出行时耗高峰在 220min 前后,与石家庄市到京津城市出行时耗基本吻合。

4.4 城市群多模式客运枢纽分类及分级

4.4.1 客运枢纽分类

4.4.1.1 分类原则

京津冀多模式客运枢纽的分类是在我国现行综合客运枢纽相关标准体系下,结合京津冀协同发展交通一体化规划和发展趋势,并参照国内外典型城市群的客运枢纽分类方法与标准,对京津冀多模式客运枢纽进行科学、合理分类。京津冀多模式客运枢纽分类遵循以下原则:

1) 规范性

多模式客运枢纽分类应符合国家及行业现行的相关标准、规范的规定,应与国家及行业现行的相关标准、规范相一致。

2) 适应性

适应京津冀协同发展交通一体化的要求和多模式客运枢纽发展需求,满足旅客的换乘需求,同时要充分考虑运营企业的运营管理需求,满足行业管理部门的分类分级管理需求。

3) 实用性

多模式客运枢纽分类要简单、明晰,避免功能交叉。

4) 系统性

多模式客运枢纽分类要系统、全面涵盖所有的客运枢纽类型。

4.4.1.2 分类思路

城镇化发展要求城市群多模式客运枢纽分类与客运需求相适应,以充分发挥城市群多模式客运枢纽对城镇化的支撑和引导作用。客运枢纽类型划分是客运枢纽群一体化运行的基础。根据城市群客运需求特征划分客运需求层次,并构建与客运需求相适应的城市群多模式客运枢纽层级划分体系。

城镇化过程中区域生产组织和空间结构的革新,使得城市群客运需求复杂化和层次化,区域发展面临不同层次的客运需求压力,需要构建层次分明、统筹协调的城市群多模式客运枢纽体系,以满足不同层次的城市群客运需求。结合3个层次的城市群客运需求特征,并依据区域的服务功能,将城市群多模式客运枢纽划分为3个层级:1级客运枢纽、2级客运枢纽、3级客运枢纽(其中1级等级最高,而"1级客运枢纽"是"1级城市群多模式客运枢纽"的简称,其实质是客运枢纽区域,以此类推)。另外,各等级客运枢纽内布设不同等级的场站。如表4-4所示为各层级城市群多模式客运枢纽的服务功能定位和内设场站类型。图4-12所示为各层级城市群多模式客运枢纽服务对象示意图。

城市群多模式客运枢纽层级划分　　　　　表4-4

层级	名称	服务功能	内设场站类型
1	1级客运枢纽	服务1、2、3级需求	至少包含1个1级场站
2	2级客运枢纽	服务2、3级需求	至少包含1个2级场站
3	3级客运枢纽	服务3级需求	至少包含1个3级场站

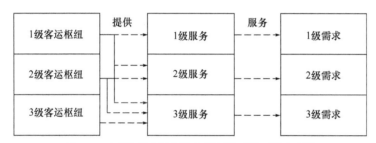

图4-12　各层级城市群多模式客运枢纽服务对象示意图

1)1级客运枢纽

主要服务对象是远程、中程和短程出行客流,客运枢纽内至少包含1个1级场站。

2)2级客运枢纽

主要服务对象是中程和短程出行客流,客运枢纽内至少包含1个2级场站。

3)3级客运枢纽

主要服务对象是短程出行客流(包括市域内出行、都市圈内短程出行以及区域内城际短程出行),客运枢纽内至少包含1个3级场站。

4.4.1.3　客运枢纽分类方法

1)分类要素一:主导交通方式

多模式客运枢纽衔接了多种交通方式,不同交通方式的服务功能、辐射范围不同，对应功能的重要性也不同。按照其交通方式的重要性，多模式客运枢纽衔接的交通方式可以分为主导交通方式和配套交通方式。据此，以功能为导向，以主导交通方式为条件，多模式客运枢纽依次分为航空主导型多模式客运枢纽、铁路主导型多模式客运枢纽、水运主导型多模式客运枢纽和公路主导型多模式客运枢纽。

2）分类要素二：服务范围

大型多模式客运枢纽服务区域可以辐射到全国甚至世界各地，小的客运枢纽则可能只是服务于市区。根据京津冀多模式客运枢纽特点，可以根据客运枢纽覆盖范围分为国际性、全国性、区域性和地区性 4 种，其中国际性客运枢纽和全国性客运枢纽为城市群对外交通枢纽，而区域性客运枢纽和地区性客运枢纽则是城市群对内交通枢纽。

国际性客运枢纽的服务范围辐射到远离客运枢纽所在地的其他城市群，也包括服务到其他国家和地区，一般设置在全国地理位置较重要的地区。全国性客运枢纽的服务范围辐射到远离客运枢纽所在地的其他省市，通常作为国际性客运枢纽的支撑。区域性客运枢纽服务范围则是城市群范围，主要为城市群内出行客流或相邻城市群之间的出行客流。地区性客运枢纽服务范围是市区内客流流向国际性客运枢纽、全国性客运枢纽和区域性客运枢纽的中转站。

3）分类要素三：腹地范围

多模式客运枢纽的腹地范围，是指其吸引范围、吸引地区。分为三类：城市群腹地、市区腹地、城市片区腹地。一般腹地范围大的客运枢纽，其对外辐射服务的功能也强。按腹地范围分类，可以直接指导集疏运设施的配置。如城市群腹地，则需要配置城际轨道、城际公路客运等方式来为客运枢纽的集疏运服务。

4）分类要素四：辐射范围

与单一交通方式的客运枢纽类似，从辐射范围的角度，将多模式客运枢纽的辐射范围划分为国际、省际、城际和城乡。

城市群多模式客运枢纽既体现交通方式的综合，也实现服务功能的综合。单一的分类要素难以全面地对多模式客运枢纽进行划分。本书充分借鉴行业标准《综合客运枢纽分类分级》（JT/T 1112—2017）分类，并考虑城市群客运需求层次划分和客运枢纽层次划分，提出了城市群多模式客运枢纽分类标准。

4.4.1.4 京津冀客运枢纽分类方法

根据京津冀城市群多模式客运枢纽协同服务的要求，通过分析区域内主要客运枢纽间的 OD 数据以判断各客运枢纽的大致服务范围。基于现行标准的分类方法，为体现客运枢纽间协作的程度，增加了"枢纽腹地范围"作为客运枢纽分类的主要因素,群内客运枢纽可以分为核心客运枢纽、干线客运枢纽与支线客运枢纽,具体分类方案如下。

核心客运枢纽:主要服务城市群腹地乘客的远程、中程出行,与群内其他客运枢纽联系强度相对较高,联程运输过程中居于核心且不可缺失的位置。

干线客运枢纽:主要服务省域腹地乘客的中程、短程出行,与群内其他客运枢纽联系强度相对一般,联程运输过程中一般需要通过核心客运枢纽来组织远程出行。

支线客运枢纽:主要服务城市腹地乘客的短程出行,与群内其他客运枢纽联系强度相对较弱,联程运输过程中一般需要通过核心客运枢纽或干线客运枢纽来组织远程、中程出行。

京津冀客运枢纽分类方案见表4-5。

京津冀客运枢纽分类方案   表4-5

枢纽分类		核心客运枢纽	干线客运枢纽	支线客运枢纽
主导交通方式	航空主导型	首都机场、大兴机场、滨海机场、石家庄机场	—	邯郸码头机场、秦皇岛北戴河机场、唐山三女河机场、张家口宁远机场、承德普宁机场
	铁路主导型	北京南站、北京西站、天津站	北京:北京站。天津:天津西站、天津南站。河北:石家庄站、石家庄北站	北京:北京北站、丰台站、清河站。天津:天津北站、滨海站、武清站、塘沽站、滨海北站、军粮城北站。河北:石家庄正定机场站、石家庄东站、唐山站、唐山北站、秦皇岛站、北戴河站、山海关站、邯郸站、邯郸东站、邢台站、邢台东站、保定站、保定东站、张家口站、张家口南站、承德站、沧州站、沧州西站、廊坊站、廊坊北站、衡水站、衡水北站
	公路主导型	—	北京:六里桥、赵公口、莲花池、新发地、永定门、八王坟、四惠、天通苑北。天津:天津西站客运站、通莎长途客运站、蓟州客运站、滨海客运总站。河北:石家庄客运总站、唐山汽车客运东站、邯郸汽车客运总站、秦皇岛长途汽车站、保定客运中心站、张家口汽车客运站、承德汽车东站	北京:东直门交通枢纽、西苑交通枢纽、宋家庄交通枢纽、四惠交通枢纽、篱笆房交通枢纽、动物园交通枢纽、西直门交通枢纽。天津:红桥客运站、静海长途汽车站、宝坻客运站、芦台客运站、白佛长途客运站、南焦客运站。河北:石家庄客运北站、石家庄客运西王客运站、石家庄运河桥客运站、唐山汽车客运西站、唐山丰润汽车客运站、邯郸客运中心站、张家口汽车客运南站、承德汽车北站、定州客运站、廊坊长途汽车站、沧州客运西站、邢台中心汽车站、邢台汽车客运东站

4.4.2 等级划分

4.4.2.1 分级指标选取原则

在城市群多模式客运枢纽等级划分中,需要遵循以下的划分原则:

1) 互补性

划分层级根据多模式客运枢纽的整个体系进行界定,能够鲜明地体现出客运枢纽的等级。客运枢纽各级之间的差别保持均衡,相邻三级客运枢纽之间差距等同。

2) 可操作性

确定的分级标准需能够适应不同城市群条件下的客运枢纽,包括不同地域、不同运输方式、不同功能定位等。

3) 全面性

分级标准需涵盖客运枢纽差异的各个方面,能够对客运枢纽的等级进行正确的界定,防止因为各客运枢纽之间特征差异过大而导致分级的不合理。

4) 独立性

在客运枢纽的等级划分指标中,各指标之间保持相互独立,不形成相互干扰。

4.4.2.2 现行等级划分方法

梳理国内外现行标准或研究关于客运枢纽分级的相关指标,可以发现目前分级的指标多数面向规划与建设层面,主要用来指导客运枢纽建设的规模、设计要求等,如表4-6所示。

京津冀客运枢纽等级划分备选指标集   表4-6

序号	指标名称	指标解释
1	设计年度总发送量	对外运输方式总发送量和城市交通方式总发送量之和
2	设计年度对外运输方式总发送量	对外运输方式发送的旅客数量之和
3	设计年度高峰小时客流集散量	单位时间内,客运枢纽集散的客流量
4	设计年度高峰小时客流换乘量	单位时间内,客运枢纽的客流换乘量
5	设计年度日均客流集散量	统计期内,客运枢纽日均集散的客流量
6	设计年度日均客流换乘量	统计期内,客运枢纽日均的客流换乘量
7	设计接驳轨道交通线路条数	与客运枢纽接驳的轨道交通线网条数
8	设计始发公交线路条数	从客运枢纽始发的公交线路条数

1)分级指标一:设计年度总发送量或对外运输方式总发送量

多模式客运枢纽总发送量是指对外运输方式总发送量和城市交通方式总发送量之和。其中,对外运输方式总发送量是指对外运输方式发送的旅客数量之和;城市交通方式总发送量是指城市交通方式发送的旅客数量之和,城市交通方式包括城市公共汽电车、城市轨道交通、出租汽车、社会车辆、步行、自行车等。

以设计年度总发送量或对外运输方式总发送量作为客运枢纽等级划分的一个决定指标,分类明确,对于行业部门在客运枢纽的设计、建设层面具有较明确的指导作用。依据行业标准《综合客运枢纽分类分级》(JT/T 1112—2017)关于等级划分的内容,根据设计年度综合客运枢纽总发送量和对外运输方式总发送量,综合客运枢纽划分为一级综合客运枢纽、二级综合客运枢纽、三级综合客运枢纽、四级综合客运枢纽共4个等级。

(1)一级综合客运枢纽应符合下列条件之一。

①铁路主导型综合客运枢纽:设计年度总发送量日均不小于20万人次,或者对外运输方式总发送量日均不小于10万人次;

②公路主导型综合客运枢纽:设计年度总发送量日均不小于10万人次,或者对外运输方式总发送量日均不小于5万人次;

③水运主导型综合客运枢纽:设计年度总发送量日均不小于4万人次,或者对外运输方式总发送量日均不小于2万人次;

④航空主导型综合客运枢纽:设计年度总发送量日均不小于10万人次,或者对外运输方式总发送量日均不小于5万人次。

(2)二级综合客运枢纽应符合下列条件之一。

①铁路主导型综合客运枢纽:设计年度总发送量日均不小于10万人次且小于20万人次,或者对外运输方式总发送量日均不小于5万人次且小于10万人次;

②公路主导型综合客运枢纽:设计年度总发送量日均不小于2万人次且小于10万人次,或者对外运输方式总发送量日均不小于1万人次且小于5万人次;

③水运主导型综合客运枢纽:设计年度总发送量日均不小于2万人次且小于4万人次,或者对外运输方式总发送量日均不小于1万人次且小于2万人次;

④航空主导型综合客运枢纽:设计年度总发送量日均不小于6万人次且小于10万人次,或者对外运输方式总发送量日均不小于3万人次且小于5万人次。

(3)三级综合客运枢纽应符合下列条件之一。

①铁路主导型综合客运枢纽:设计年度总发送量日均不小于5万人次且小于10万人次,或者对外运输方式总发送量日均不小于2万人次且小于5万人次;

②公路主导型综合客运枢纽:设计年度总发送量日均不小于1万人次且小于2万人次,或者对外运输方式总发送量日均不小于0.5万人次且小于1万人次;

③水运主导型综合客运枢纽:设计年度总发送量日均不小于0.5万人次且小于2万人次,或者对外运输方式总发送量日均不小于0.2万人次且小于1万人次;

④航空主导型综合客运枢纽:设计年度总发送量日均不小于2万人次且小于6万人次,或者对外运输方式总发送量日均不小于1万人次且小于3万人次。

(4)四级综合客运枢纽应符合下列条件之一。

①铁路主导型综合客运枢纽:设计年度总发送量日均小于5万人次,或者对外运输方式总发送量日均小于2万人次;

②公路主导型综合客运枢纽:设计年度总发送量日均小于1万人次,或者对外运输方式总发送量日均小于0.5万人次;

③水运主导型综合客运枢纽:设计年度总发送量日均小于0.5万人次,或者对外运输方式总发送量日均小于0.2万人次;

④航空主导型综合客运枢纽:设计年度总发送量日均小于2万人次,或者对外运输方式总发送量日均小于1万人次。

2)分级指标二:设计年度高峰小时客流集散量或客流换乘量

多模式客运枢纽的服务能力还主要体现在客流服务上,最主要的两个指标为单位时间多模式客运枢纽的客流集散量或单位时间多模式客运枢纽的客流换乘量。尤其是高峰小时的客流集散量或客流换乘量,最能体现多模式客运枢纽的服务能力。根据设计年度高峰小时的客流集散量或客流换乘量,可以将多模式客运枢纽的等级划分为以下四级。以此指标为依据进行等级划分时,实际并不考虑主导交通方式。

①一级多模式客运枢纽:设计年度高峰小时客流集散量不小于5万人/h,或设计年度高峰小时客流换乘量不小于2万人/h;

②二级多模式客运枢纽:设计年度高峰小时客流集散量不小于3万人/h且小于5万人/h,或设计年度高峰小时客流换乘量不小于1.2万人/h且小于2万人/h;

③三级多模式客运枢纽:设计年度高峰小时客流集散量不小于1.5万人/h

且小于 3 万人/h，或设计年度高峰小时客流换乘量不小于 0.6 万人/h 且小于 1.2 万人/h；

④四级多模式客运枢纽：设计年度高峰小时客流集散量小于 1.5 万人/h，或设计年度高峰小时客流换乘量小于 0.6 万人/h。

4.4.2.3 京津冀客运枢纽分级方法

目前，面向客运枢纽运营层面的客运枢纽分级尚属空白，本书基于现行标准的分级方法，同时考虑客运枢纽协同服务的要求，体现客运枢纽间协作的强度，新增提出指标"日均联程换乘量占比"，具体分级方法见表 4-7。

京津冀客运枢纽分级方法　　　　　表 4-7

枢纽分级	主导交通方式	总发送量 P1（万人次/d）	对外总发送量 P2（万人次/d）	日均联程换乘量占比 P3
一级	铁路 公路 水运 航空	P1≥20 P1≥10 P1≥4 P1≥10	P2≥10 P2≥5 P2≥2 P2≥5	P3≥20%
二级	铁路 公路 水运 航空	10≤P1<20 2≤P1<10 2≤P1<4 6≤P1<10	5≤P2<10 1≤P2<5 1≤P2<2 3≤P2<5	10%≤P3<20%
三级	铁路 公路 水运 航空	5≤P1<10 1≤P1<2 0.5≤P1<2 2≤P1<6	2≤P2<5 0.5≤P2<1 0.2≤P2<1 1≤P2<3	5%≤P3<10%
四级	铁路 公路 水运 航空	P1<5 P1<1 P1<0.5 P1<2	2≤P2<2 P2<0.5 P2<0.2 P2<1	P3<5%

4.5　城市群多模式客运枢纽规划布局

对城市群多模式客运枢纽规划布局的理解一般有两种：一种是对客运枢纽内部设施进行合理配置，属于客运枢纽场站布局；一种是在区域空间内对不同的客运枢纽进行选址,完善综合交通网络结构。本节重点解决城市群多模式客运枢纽的空间选址问题,也就是从城市群的角度,对客运枢纽进行布局规划研究,属于第二种理解。由于城市群范围相对比较大,所以客运枢纽布局的结果不是选定某个具体位置,而是比城市规模较小的区域。其区域范围如图4-13所示。

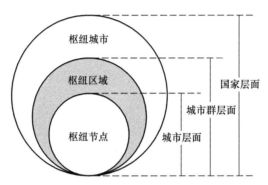

图 4-13 城市群多模式客运枢纽定义范围示意图

多模式客运枢纽规划布局,需要按照城市群城镇空间发展战略、国土空间规划,依托区域及城市综合立体交通网规划及单体客运枢纽的初步选址,确定枢纽在城市群范围内的大致布设位置及形式、数量等。

4.5.1 影响因素分析

在城市群多模式客运枢纽布局规划中,重点应关注两大层面的影响因素,一是客运枢纽与所在城市以及城市群的关系;二是客运枢纽与城市群综合运输网络的关系。

4.5.1.1 客运枢纽与所在城市以及城市群的关系

不同类型规模的城市以及城市群,客运枢纽布局原则不尽一致,要重点考虑以下因素对客运枢纽布局的影响。

(1)城市性质:包括经济中心城市、交通枢纽城市、特殊职能城市(如风景旅游城市、历史文化名城等)及综合性城市。

(2)城市功能与规模:包括城市等级、功能分区、发展方向等方面,通常与城市人口规模、出行频率、城市经济总量等指标密切相关。可以参照国家对城市等级5类7档的划分。

(3)城市形态:城市形态总体反映城市的空间形态特征,通常可划分为集中式城市布局和分散式城市布局两大类。集中式城市形态又可以细分为团块状城市、带状城市、星状城市等城市形态。

(4)城市定位:指客运枢纽所在城市的行政等级、人口数量、经济因素以及城市发展规划。

(5)城市建设方向:客运枢纽应布设在城市的发展轴上。

4.5.1.2 客运枢纽与城市群综合运输网络关系

(1)交通功能:主要体现在客运枢纽所在城市拥有的交通方式种类、数量、行政等级、技术等级及其在综合交通网中的重要度、交通吸引和辐射的服务范围。

(2)运输能力:指旅客到发量、周转量、通过量、流向及多模式客运枢纽的规模和服务功能。

4.5.1.3 客运枢纽与旅客运输需求的关系

(1)客流分布:根据城市群居民出行调查和流动人口出行调查,得到旅客出行结构、流量及流向分布。城市群多模式客运枢纽的空间布局应反映所在城市群的空间结构特征,最大程度地满足客运出行需求的分布要求,以实现最优覆盖和最少转换。

(2)换乘需求特征:分析旅客出行换乘需求特征对客运枢纽空间布局的影响,客运枢纽布局规划应结合城市群中换乘需求的规模及其分布情况,合理确定客运枢纽位置,强化无缝衔接,尽量消除城市群中城际或城乡换乘需求中需要通过城市交通摆渡的中间环节,实现旅客在不同对外运输方式之间的便捷换乘。

城市群内部各城市是多模式客运枢纽宏观空间布局的载体,处于不同层次的城市承载着不同层次的客运需求,发挥着客运功能,相应地也就需要配置不同层次的客运枢纽形态与之相适应。

对于京津冀空间尺度较大的城市群,城市群及其各城市空间结构相对复杂,通常可分为不同的城市,同时需要考虑未来城市群和城市空间拓展的需求。因此,此类城市群的客运枢纽规划布局问题,根据各个城市空间结构及其发展定位进行层次划分是客运枢纽分层、分类布局的重要前提。

4.5.2 基本布局形态

对城市群多模式客运枢纽进行布局的目的是更好地满足城市群内生成的各种客运需求，在对客运需求分层的基础上，对城市群多模式客运枢纽进行分层布局可以更合理地完善城市群的综合交通网络。客运枢纽分层布局与客流的组织模式密不可分，为了解决城市群大型客运枢纽辐射作用不明显、与中小城市衔接不便、客流时效性差等不足，结合各层次客运需求特征和各层次多模式客运枢纽的服务功能定位，将城市群多模式客运枢纽按照多流、嵌套、空间非一致性的模式进行布局，从而给定城市群多模式客运枢纽的基本布局形态（即客运组织模式），如图4-14所示。

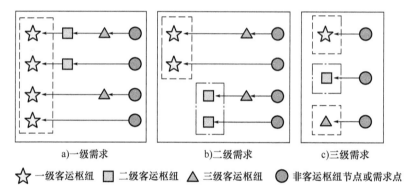

a)一级需求　　　　b)二级需求　　　　c)三级需求

☆一级客运枢纽　▢二级客运枢纽　△三级客运枢纽　●非客运枢纽节点或需求点

图4-14　不同客运需求层次对应客运枢纽基本布局形态

其中，一级需求只能由一级客运枢纽满足其国际或国内的远程出行需求，如图4-14a)所示。一级客运枢纽辐射范围内的所有区域旅客，可以借助城际轨道或者公路交通直接到达或经过二、三级客运枢纽换乘间接到达一级客运枢纽，通过中转换乘航空、铁路等实现其远程出行的目的。

二级需求可以由一、二级客运枢纽满足其城市群内外城市之间的中程出行需求，如图4-14b)所示。客运枢纽辐射范围内的所有区域的旅客，可以通过公交、出租车、汽车等公路运输方式直接到达或经过三级客运枢纽换乘间接到达一、二级客运枢纽，通过中转换乘铁路实现其中程出行的目的。

三级需求可以由一、二、三级客运枢纽满足其城市群内城市间中短程出行需求，如图4-14c)所示。具有三级需求出行意愿的旅客可以通过步行、自行车、公交等方式直接到达客运枢纽实现其短程出行的目的。

4.5.3 规划布局原则

多模式客运枢纽进行分层布局时应充分考虑城市群内各城市、各区域经济、社会和交通之间的相互作用关系，因此在分析城市群多模式客运枢纽分层布局时，应充分考虑以下几个原则：

(1)要充分认识并理清城市群空间布局与多模式客运枢纽布局之间的相似性；

(2)要充分分析城市群经济、社会发展与客运需求结构的变化，适当超前；

(3)要与城市群发展相协调，打破城市群内行政区划界限，从全局的角度进行统筹布局；

(4)要与交通走廊、交通网络相协调，与城市群交通规划相适应。

一般来说，城市群多模式客运枢纽规划布局原则是在客运枢纽布局选址过程中需要遵从的一些条件，如果这些条件不被满足，则会导致客运枢纽不能起到其应有的作用。

4.5.4 联合布局的思路与方法

自由度联合布局的指导思想是依据不同运输方式站场布局的限制条件不同，确定机场、港口、铁路、公路站场布局的自由度，由自由度高的场站主动向自由度低的场站衔接的基本思路，进行城市群多模式客运枢纽的联合布局。

具体布局过程中，重点考虑两个方面：一是关注客运枢纽中不同方式站场在规划特殊性上的区别，以致形成在选址自由度上的不同，如民航机场布局要考虑空域限制、周边限高等问题；港口客运站要考虑码头布局、航道条件等；铁路客运站布局要考虑铁路线路的走向和客运枢纽的整体布局，限制条件较多；而公路客运站布局相比较而言自由度较高。二是在考虑约束条件基础上，关注交通与产业、交通与城市空间的相互影响，从整个城市群的客运枢纽体系角度出发，统筹考虑各类客运枢纽的布局，在功能上加以引导。

基于站场自由度的联合布局方法的具体步骤如下：

首先，对城市群范围内客运场站系统进行分析，得出若干不同层次的客运枢纽。

其次，对航空港、客运码头的空间布局位置进行研究，并对其是否需要与公路、铁路客运站联合布局进行论证。

再次，对铁路枢纽客运站的设置模式（集中布设还是分散布设）进行研究，得出城市群范围内铁路枢纽客运站的数量和位置，并对铁路客运站是否需要和公路客运站联合布局进行论证。

之后，分析非联合布局公路客运站的备选点。

最后，优化公路客运站的数量和空间布局，该空间布局模型以旅客出行成本最低为目标，可建立单目标多约束模型进行求解。

4.5.5　规划管理改善建议

客运枢纽布局规划需要特别关注和处理好政府与市场的关系。由于客运枢纽具有较强的公益性，其规划布局应由政府主导进行，便于做好与国土空间规划的协调；建设运营过程中应该注意发挥市场力量与作用，鼓励综合开发、一体化运营。

（1）统一管理部门和权利责任，统筹布局规划。客运枢纽布局规划层面上，由城市群内各城市人民政府主导规划协调，统筹交通、建设、国土、环境等部门的意见，统一开展规划编制。规划应由所在地政府批复，确保规划的有效执行；各城市规划部门负责客运枢纽站场的控制性详细规划，确保客运枢纽用地落实；交通主管部门应负责项目推动实施与功能监管，确保项目建设目标的实现。

（2）开展运输组织规划，创新服务模式。建议开展城市群运输组织整体规划工作，明确客运枢纽层次结构及其在运输组织中的功能，优化运输组织模式，提高中转效率，确保充分发挥客运枢纽集散、中转功能，各种交通方式、城市群内外交通衔接顺畅。在此基础上，通过出行服务模式设计，引导和规范不同人群的出行行为，打造依托客运枢纽换乘组织为核心的多模式公共客运服务。

（3）改革运营管理机制，鼓励一体化管理模式。推进区域客运枢纽实行第三方经营管理模式，促进客运枢纽设施的公用化；鼓励客运枢纽与各方式运输公司签署合作协议，实现专业性客运业务的托管模式；组建客运枢纽联合体，鼓励联程票务、线路合营等模式，推进联程联运。

（4）倡导客运枢纽"TOD 综合开发"理念，实现可持续发展。鼓励依托多模式客运枢纽进行"TOD 综合开发"，在布局规划阶段深入研究多模式客运枢纽的综合开发功能，将"TOD 综合开发"纳入客运枢纽规划要求，并明确交通类设施与商业开发类设施的边界、功能要求及监管要求，通过商业功能支持客运枢纽发展，同时应严格监管，确保客运枢纽交通服务功能的实现。

CHAPTER 5

城市群多模式客运枢纽一体化衔接及实现途径

5.1 城市群客运枢纽协同发展现状

5.1.1 城市群多模式客运枢纽协同现状

近年来,随着移动通信技术的发展,大数据在城市研究中运用越来越广。早期,受数据采集的影响,出行研究常用普查数据或调查问卷数据,但是会受限于数据的空间尺度和时效性等。而大数据应用的发展,拓展了数据获取渠道与规模。在不同形式的数据中,手机信令数据是最常见的基于位置服务类型的数据,可分为呼叫详细记录数据和信号数据,包含用户ID、基站ID、经纬度等信息。通过手机信令数据可较为准确地反映日常出行活动。

通过对2019年5月1日京津冀地区的手机信令数据进行处理,提取出行OD以分析京津冀交通枢纽的服务范围。具体城市与客运枢纽之间OD数据如表5-1所示。由于数据限制,并未提取到承德、秦皇岛、石家庄、衡水、邢台、邯郸与各客运枢纽间的来往数据。

客运枢纽与城市间的出行OD数据　　　　表5-1

出发	到达	客流量	出发	到达	客流量
北京北站 (23176)	北京南站	6434	北京首都 机场 (12073)	北京北站	799
	北京大兴国际机场	641		北京南站	2078
	北京站	3533		北京大兴国际机场	854
	北京西站	6872		北京站	1628
	北京首都机场	792		北京西站	2071
	天津南站	401		天津南站	229
	天津滨海机场	1000		天津滨海机场	2423
	天津站	2508		天津站	1454
	天津西站	995		天津西站	537

续上表

出　　发	到　　达	客流量	出　　发	到　　达	客流量
北京南站 （50083）	北京北站	4187	天津南站 （6158）	北京北站	364
	北京大兴国际机场	1495		北京南站	2431
	北京站	8149		北京大兴国际机场	245
	北京西站	12050		北京站	506
	北京首都机场	1664		北京西站	706
	天津南站	1690		北京首都机场	262
	天津滨海机场	4298		天津滨海机场	369
	天津站	11383		天津站	816
	天津西站	5167		天津西站	459
北京大兴机场 （8533）	北京北站	371	天津滨海机场 （29294）	北京北站	1032
	北京南站	1340		北京南站	5558
	北京站	958		北京大兴国际机场	2019
	北京西站	1406		北京站	1707
	北京首都机场	894		北京西站	2388
	天津南站	173		北京首都机场	2404
	天津滨海机场	1794		天津南站	480
	天津站	1119		天津站	10732
	天津西站	478		天津西站	2974
北京站 （33303）	北京北站	2734	天津站 （46307）	北京北站	2424
	北京南站	9781		北京南站	13497
	北京大兴国际机场	995		北京大兴国际机场	1251
	北京西站	9271		北京站	5034
	北京首都机场	1440		北京西站	6476
	天津南站	397		北京首都机场	1299
	天津滨海机场	1722		天津南站	925
	天津站	5111		天津滨海机场	9498
	天津西站	1852		天津西站	5903

续上表

出　发	到　达	客流量	出　发	到　达	客流量
北京西站 (43996)	北京北站	4807	天津西站 (20029)	北京北站	806
	北京南站	13784		北京南站	5452
	北京大兴国际机场	2415		北京大兴国际机场	415
	北京站	9365		北京站	2048
	北京首都机场	1630		北京西站	2711
	天津南站	659		北京首都机场	433
	天津滨海机场	2179		天津南站	554
	天津站	6471		天津滨海机场	2272
	天津西站	2686		天津站	5338

由出行 OD 数据可知,在 2019 年 5 月 1 日这一天,京津冀地区中北京南站、天津站的人流量最大,无论从这两个客运枢纽出发还是到达这两个客运枢纽的手机用户均是最多。其中,到达这两个客运枢纽的手机用户主要来自北京和天津两座城市,而从这两个客运枢纽作为起点也主要前往北京市和天津市。分时段来看客运枢纽与各城市之间的 OD 数据,出行行为主要发生在白天,特别是在 8 时至 12 时时段,累积客流量最大达到 8.3 万人左右。而 0 时至 4 时客流量最小,该时段的最大客流量约为 2.3 万人。

从北京南站出发,手机用户主要去往了天津,约 20 万人,其次则是北京市,而到达北京北站的手机用户数与北京北站出发的手机用户数相差不大;从北京西站出发,手机用户同样主要去往了天津,约 40 万人,其次则是北京市、唐山市、廊坊市,而到达北京西站的手机用户数与北京西站出发的手机用户数情况相似;从北京站出发,手机用户主要去往了天津,约 38 万人,其次则是北京市,约 28 万人,而到达北京站的手机用户也主要来自天津市,约 40 万人,其次则是北京市,约 27 万人。

从北京市的交通枢纽来看,客运量最大的客运枢纽为首都机场,到达与出发数量均为市内交通枢纽最大。而北京市内的交通枢纽主要服务天津和北京两个城市,与京津冀地区的其他城市联系较小。就铁路枢纽而言,北京站的客流量最小,而客流在其他几个铁路枢纽的分布较为均衡。

对于天津市的交通枢纽而言，与北京也存在着差异。从天津滨海国际机场出发，手机用户主要去往了天津，约 85 万人，其次则是北京市，约 25 万人，而到达北京站的手机用户也主要来自天津市，约 92 万人，其次则是北京市，约 26 万人；从天津西站出发，手机用户主要去往了天津，约 31 万人，其次则是北京市，约 7 万人，而到达天津西站的手机用户数与天津西站出发的手机用户数相近；从天津南站出发，手机用户主要去往了天津，约 5 万人，其次则是北京市，约 1.6 万人，而到达天津南站的手机用户数主要来自天津市，约 5.6 万人，其次则是北京市，约 2.2 万人。与其余客运枢纽相比，该客运枢纽的客流量最小；从天津站出发，手机用户主要去往了天津，约 167 万人，其次则是北京市，约 64 万人，而到达天津站的手机用户数主要来自天津市，约 183 万人，其次则是北京市，约 64 万人。与其余客运枢纽相比，该客运枢纽的客流量最大，是天津市内主要的客运枢纽，承担了较大的客运作业。

从天津市内的交通枢纽来看，客运量最大的客运枢纽为天津站，到达与出发数量均为市内交通枢纽最大，且远远超过了首都机场、天津滨海机场枢纽。而天津市内的交通枢纽同样主要服务天津和北京两个城市，与京津冀地区的其他城市联系较小。就铁路枢纽而言，天津南站的客流量最小。

综合北京市和天津市的客运枢纽服务范围来看，交通枢纽均主要服务于这两个城市，而客运量最大的客运枢纽为天津站，两个机场枢纽也承担了大部分客流，但是各个客运枢纽之间的服务量分配不均衡。

5.1.2　城市群客运枢纽腹地分析

在对京津冀的旅客交流做出分析的同时，本书也从时间上对京津冀的客运枢纽一体化现状进行了分析。以北京市内 3 个机场以及京津地区 3 个具有代表性的重要机场枢纽为例，构建了公共交通出行等时圈。该分析的目的是为了更加清楚明了地展现京津地区客运枢纽的可达性，从城市和城市群的层面去观察客运枢纽之间可能存在的竞争状况，形成对客运枢纽协同建议和策略的支撑。

客运枢纽的等时圈使用高德地图的 API 接口，爬取到各个客运枢纽点的公共交通可达性数据，再进入 ArcGIS 进行转点和插值绘制而成，具体细节不再展示，这里仅对可视化结果和观察到的结论作出阐述。

针对北京市内,构建了"南苑机场-首都机场-北京站"等时圈,如图 5-1 所示。

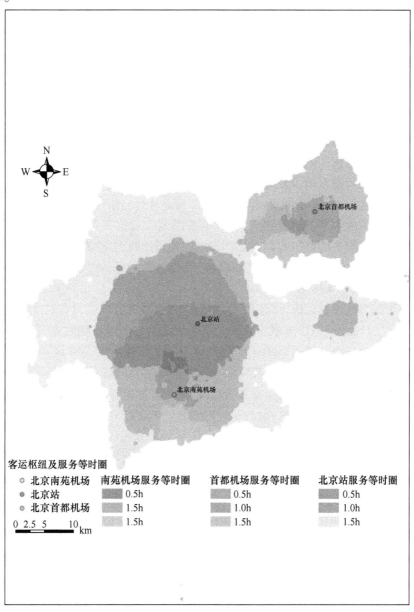

图 5-1 "南苑-首都-北京站"等时圈

从图 5-1 中可以观察出，北京站位于北京市中心区域，在可达性方面要明显高于两个较偏远的机场客运枢纽，在 1.5h 内北京站的波及范围可以覆盖掉五环内的绝大部分区域，说明北京站的公共交通可达性相对较优。同时，北京站 1.5h 可达圈基本覆盖南苑机场的 1.5h 可达圈范围（除去偏北部的少部分地区），在该范围内的出行需求无论是进行火车出行或者飞机出行或者通过北京站换乘到南苑机场，都较为方便，可以说北京站与南苑机场的衔接协同性能较高。南苑机场与首都机场主要覆盖偏北和偏东南的两块区域，值得注意的是，除了覆盖自身为中心的可达圈之外，首都机场在北京市内存在着一块儿"飞地"，其 1.5h 内基本能覆盖北京市二环区域以及偏北的三环与四环区域，说明首都机场在与市内交通这一部分做得比较完善，其与北京站的衔接性能相对较优，这一点是南苑机场所没有的，可以适当地加强南苑机场同市内车站的联通。但是，随着距离的边远，首都机场将难以覆盖北京的西北片区，该片区的出行需求需要投入更多的交通成本才能够得到满足，这也侧面说明未被画入图中的北京大兴机场将会很大程度上填补掉北京西北部的航空出行缺口。京津冀地区的 3 个重要机场枢纽（北京大兴机场、北京首都机场、天津滨海机场）的可达性波及服务范围如图 5-2～图 5-4 所示。

由于地理区位的原因，可达性方面，北京与距离更近的廊坊有着比天津更高的连接度，这种地理区位的限制也将北京同天津的整体连接耗时提升至 4～6h，距离机场及铁路枢纽较近的地区可能耗费 2～3h 就能够实现跨城区的出行，但是距离城区较远的地区则需要考虑公共交通到达客运枢纽的耗时。

大兴机场的辐射范围主要集中在北京的中南部和廊坊以及三河市，但是地理区位上也较近的保定东北部以及天津的西部并没有得到更多的覆盖；首都机场的服务范围仍然以北京市为主，在更广的区域上来看，首都机场在 4～5h 内几乎覆盖了北京全域，这也能直接说明首都机场在北京市内拥有者较高的竞争优势，在市中心（1～2h 内）的部分区域，首都机场和大兴机场存在着竞争。同样是在 4h 以内，天津滨海机场所覆盖的天津片区不及北京首都机场和大兴机场的覆盖面积，但是天津滨海机场在天津市内以及在到达北京的客运枢纽站点上相比首都机场和大兴机场具有不小的优势，推测可能与天津机场相对天津市区比另外两者相对北京市区要更近有直接关系。

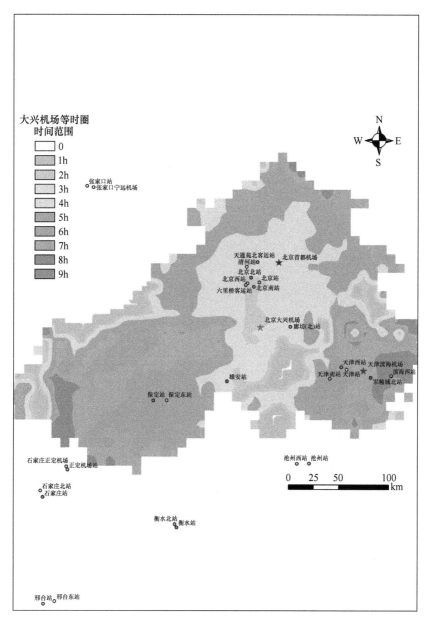

图 5-2 北京大兴机场可达圈

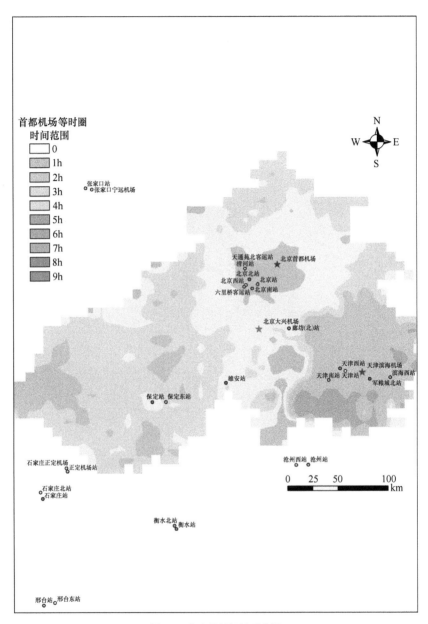

图 5-3　北京首都机场可达圈

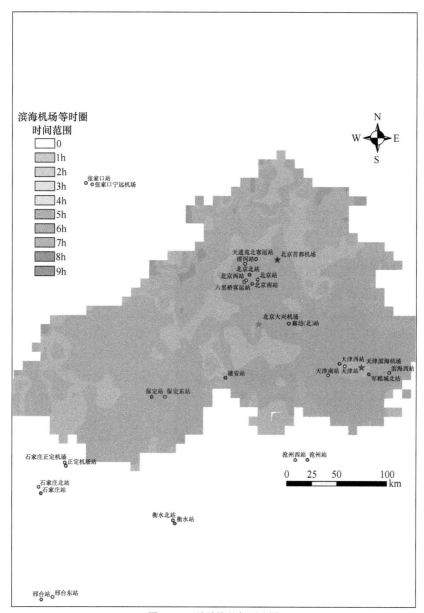

图 5-4 天津滨海机场可达圈

从整体上看,廊坊市是距 3 个机场的等时圈重合面积最多的区域,即竞争力较大的区域。除此之外,北京的主城区到达天津主城区的平均耗时比天津城区到达北京城区的平均耗时更高,这一点有可能受到城区规模以及城区内公共交通便利程度的影响。因此，位于北京和天津交接地区以及位于廊坊市区的出行者们便能拥有更多的出行选择。

5.2 城市群客运枢纽协同运营成本效率分析

针对城市群多模式客运枢纽的一体化协同，建立了"成本-效益"核算模型来对客运枢纽群的协同现状进行评价。第二章的协同机理描述部分对该模型做出了较为概括性的阐述，模型的本质是从客运枢纽间的客流关系出发，找到客运枢纽与客运枢纽之间连接的量化关系，从而计算客运枢纽的"成本"和"收益"两项指标，来表现客运枢纽群的一体化能力。其中，收益主要包含了客运枢纽运载旅客的收益，通过旅客的"支付意愿""时间价值""票价"3个部分来体现；而"成本"则主要包含"换乘服务建设成本""换乘服务维护成本""运载工具购置成本""运载工具维护成本""运行系统维护成本"5个部分。其具体计算评价过程如下。

模型中的旅客收益考虑到旅客的出行意愿支付费用、时间价值、实际换乘支付费用3个方面，通过如下公式计算实现：

$$\text{Value}_i = \text{WTP}_i - \text{VoT}_i \times \text{Time}_{j,OD} - \text{VoTicket}_{i,OD}$$

式中，Value_i 为旅客出行收益；WTP_i 表示旅客 i 对本次出行愿意支付的总费用；VoT_i 表示旅客 i 的单位时间价值；$\text{Time}_{j,OD}$ 表示旅客出行过程中获取 j 类换乘方式所花费的时间；$\text{VoTicket}_{i,OD}$ 表示旅客 i 在完成某段 OD 时使用特定换乘所支付的票价。

模型中的交通成本考虑到换乘服务建设成本、换乘服务维护成本、运载工具购置成本、运载工具维护成本、运行系统维护成本5个方面。通过以下过程实现。

(1) 获取 j 类交通方式的中转服务建成成本的计算，根据下述公式进行计算：

$$\text{COST}_{\text{mantiance},j} = F_{\text{mantiance},j}(\text{number\_passenger})$$

式中，$\text{COST}_{\text{mantiance},j}$ 表示获取 j 类交通方式的中转服务建成成本；$F_{\text{mantiance},j}(\text{number\_passenger})$ 表示获取 j 类交通方式进行客运枢纽换乘的旅客数量为 number_passenger 时维护费用与旅客数量的函数关系，即通过该函数关系在对应客流人数下对客运枢纽中转服务建成成本进行计算。

（2）获取 j 类交通方式的中转服务建成成本的计算，根据下述公式进行计算：

$$\text{COST}_{\text{mantiance},j} = F_{\text{mantiance},j}(\text{number\_passenger})$$

式中，$\text{COST}_{\text{mantiance},j}$ 表示获取 j 类交通方式的中转服务维护成本；$F_{\text{mantiance},j}(\text{number\_passenger})$ 表示获取 j 类交通方式进行客运枢纽换乘的旅客数量为 number_passenger 时维护费用与旅客数量的函数关系，即通过该函数关系在对应客流人数下对客运枢纽中转服务维护成本进行计算。

（3）获取 j 类交通方式中的运载工具购置成本计算，根据下述公式进行计算：

$$\text{COST}_{\text{carrier},j} = F_{\text{carrier},j}(\text{number\_passenger})$$

式中，$\text{COST}_{\text{carrier},j}$ 表示获取 j 类交通方式的运载工具购置成本；$F_{\text{carrier},j}(\text{number\_passenger})$ 表示获取 j 类交通方式进行客运枢纽换乘的旅客数量为 number_passenger 时的运载工具购置费用与旅客数量的函数关系，即通过该函数关系在对应客流人数下对客运枢纽中运载工具购置费用成本进行计算。

（4）获取 j 类交通方式中的运载工具维护成本计算，根据下述公式进行计算：

$$\text{COST}_{\text{carrier\_operation},j} = F_{\text{carrier\_operation},j}(\text{number\_passenger})$$

式中，$\text{COST}_{\text{carrier\_operation},j}$ 表示获取 j 类交通方式的运载工具维护成本；$F_{\text{carrier\_operation},j}(\text{number\_passenger})$ 表示获取 j 类交通方式进行客运枢纽换乘的旅客数量为 number_passenger 时运载工具维护费用与旅客数量的函数关系，即通过该函数关系在对应客流人数下对客运枢纽中运载工具维护费用成本进行计算。

（5）获取 j 类交通方式的运行系统维护成本计算，根据下述公式进行计算：

$$\text{COST}_{\text{carrier\_sys\_operation},j} = F_{\text{mantiance},j}(\text{number\_passenger})$$

式中，$\text{COST}_{\text{carrier\_sys\_operation},j}$ 表示获取 j 类交通方式的运行系统维护成本；$F_{\text{mantiance},j}(\text{number\_passenger})$ 表示获取 j 类交通方式进行客运枢纽换乘的旅客数量为 number_passenger 时的运行系统维护费用与旅客数量的函数关系，即通过该函数关系在对应客流人数下对客运枢纽中运行系统维护费用成本进行计算。

将以上计算所得成本及效益使用下式将"成本"和"效益"进行比较。

$$F(X) = \sum_i \text{Value}_i - \sum_k \sum_j \text{Ter}_{k,j}$$

式中，$F(X)$ 表示该模型的总效益值；i 表示按照目的地人群分类，包括商务、旅行、就学、通勤、探亲等；$\sum_i \text{Value}_i$ 表示各类人群的总旅客收益；$\sum_k \sum_j \text{Ter}_{k,j}$ 表示

各个客运枢纽在各种换乘情境下的总成本。这里通过计算目标达到总效益最大,通过下式实现:

$$\mathrm{MAX}\left(\sum_i \mathrm{Value}_i - \sum_k \sum_j \mathrm{Ter}_{k,j}\right)$$

通过以上计算,可以在获取到已知客流交互时,分析不同协同模式下客运枢纽群的协同效益。以该效益为基础,对客运枢纽群的协统机理进行进一步分析与探讨,来找到影响客运枢纽群协同的重要因素,从而可以通过优化该因素提升客运枢纽群运行的整体效益,实现效益最大化。

基于以上模型,考虑到京津冀地区本身客运枢纽数量较多,客流量较大,且存在着临近城市交流不及远距离城市交流频繁(石家庄-北京的客流活动会比北京与保定、廊坊等周边城市的交流更为紧密)等现象,本次案例评价选择了京津冀联系最为紧密的京津地区以及作为未来发挥重要支撑作用的雄安地区中的 10 个客运枢纽站作为评价对象,并对其综合效益做出评估,评估过程如下。

利用实际数据对案例计算过程中涉及的相关参数(流量、对应票价、客运枢纽衔接花费时间等)进行代换与计算。可获取到某一日京津区域内 10 个客运枢纽间的流量、各个客运枢纽公共交通达到时间以及客运枢纽间相互联通所支付的票价,以此为基础进行客运枢纽群效益计算。受到当前数据的限制,为了便于理解,在案例中做出一定的假设:假设客运枢纽间的乘客换乘会使用同种换乘方式、所有乘客的支付意愿(WTP)相同、乘客在使用公共交通在客运枢纽间进行流通时,相同客运枢纽对的花费是相同的。同时,由于客运枢纽成本计算过程需要考虑诸多种成本,但是其数据获取方式有限,在这里考虑与乘客量建立关系,假设出一个单位成本 δ (即每运载一名旅客给运载公司带来的消耗)代替上文提到的多种成本的综合计算,来表征总客运枢纽运行成本。综上,这里考虑客运枢纽的交流效益时,要考虑客流量 N、乘客的支付意愿 WTP、票价 P、行程时间 T、时间成本 t(根据人均可支配收入计算)、客运枢纽运营成本 δ 等因素。

京津区域以及雄安县共计 10 个客运枢纽在 2021 年 5 月 1 日相互之间的总客流量为 87026 人次,10 个客运枢纽相互之间都存在正反向的流通,假设所有乘客的支付意愿为 200 元、乘客的时间成本通过人均可支配收入除以总工作时长得到为 22 元/h,所有客运枢纽对之间皆存在乘客的互通、客运枢纽的时间距离、以及票价,具体如表 5-2 所示。假设单人的人均运载成本为 10 元,票价系数取 1 元。

客运枢纽与城市间的出行 OD 数据　　　　表 5-2

出发枢纽	到达枢纽	时间(s)	价格(元)
北京大兴机场	北京大兴机场	0	0
北京大兴机场	北京首都机场	9495	65
北京大兴机场	北京站	6805	40
北京大兴机场	北京西站	5072	40
北京大兴机场	北京南站	6928	40
北京大兴机场	北京北站	5955	40
北京大兴机场	天津滨海机场	22422	96
北京大兴机场	天津站	19888	90
北京大兴机场	天津西站	19461	90
北京大兴机场	雄安站	10472	55
北京首都机场	北京大兴机场	10785	65
北京首都机场	北京首都机场	0	0
北京首都机场	北京站	3417	30
北京首都机场	北京西站	4545	30
北京首都机场	北京南站	5306	30
北京首都机场	北京北站	5011	30
北京首都机场	天津滨海机场	26834	81
北京首都机场	天津站	23573	78
北京首都机场	天津西站	25805	82
北京首都机场	雄安站	6840	68
北京站	北京大兴机场	3900	40
北京站	北京首都机场	5978	30
北京站	北京站	0	0
北京站	北京西站	2492	4
北京站	北京南站	3282	4
北京站	北京北站	3792	4
北京站	天津滨海机场	22300	60

续上表

出发枢纽	到达枢纽	时间(s)	价格(元)
北京站	天津站	18689	51
北京站	天津西站	21531	52
北京站	雄安站	12793	68
北京西站	北京大兴机场	3300	40
北京西站	北京首都机场	6556	30
北京西站	北京站	2942	4
北京西站	北京西站	0	0
北京西站	北京南站	2972	4
北京西站	北京北站	2769	4
北京西站	天津滨海机场	24311	58
北京西站	天津站	23849	54
北京西站	天津西站	28938	54
北京西站	雄安站	10912	68
北京南站	北京大兴机场	3480	40
北京南站	北京首都机场	8412	30
北京南站	北京站	2796	4
北京南站	北京西站	2607	4
北京南站	北京南站	0	0
北京南站	北京北站	3528	4
北京南站	天津滨海机场	10980	58
北京南站	天津站	20787	55
北京南站	天津西站	20787	54
北京南站	雄安站	9802	65
北京北站	北京大兴机场	3790	40
北京北站	北京首都机场	7729	30
北京北站	北京站	2880	4
北京北站	北京西站	2326	4

续上表

出发枢纽	到达枢纽	时间(s)	价格(元)
北京北站	北京南站	3479	4
北京北站	北京北站	0	0
北京北站	天津滨海机场	31713	60
北京北站	天津站	20203	56
北京北站	天津西站	23045	56
北京北站	雄安站	12301	68
天津滨海机场	北京大兴机场	10320	96
天津滨海机场	北京首都机场	20846	81
天津滨海机场	北京站	13944	60
天津滨海机场	北京西站	15530	60
天津滨海机场	北京南站	15440	60
天津滨海机场	北京北站	17306	60
天津滨海机场	天津滨海机场	0	0
天津滨海机场	天津站	4784	3
天津滨海机场	天津西站	7546	4
天津滨海机场	雄安站	33297	100
天津站	北京大兴机场	5160	90
天津站	北京首都机场	12228	78
天津站	北京站	7891	51
天津站	北京西站	9335	52
天津站	北京南站	11227	50
天津站	北京北站	11472	54
天津站	天津滨海机场	3447	3
天津站	天津站	0	0
天津站	天津西站	2199	3
天津站	雄安站	21429	100
天津西站	北京大兴机场	20325	90

续上表

出发枢纽	到达枢纽	时间(s)	价格(元)
天津西站	北京首都机场	26154	82
天津西站	北京站	21423	52
天津西站	北京西站	26538	54
天津西站	北京南站	22661	54
天津西站	北京北站	23857	56
天津西站	天津滨海机场	6842	4
天津西站	天津站	3513	3
天津西站	天津西站	0	0
天津西站	雄安站	18549	100
雄安站	北京大兴机场	6720	55
雄安站	北京首都机场	15424	68
雄安站	北京站	8085	68
雄安站	北京西站	6883	68
雄安站	北京南站	8103	68
雄安站	北京北站	7766	68
雄安站	天津滨海机场	18763	100
雄安站	天津站	16854	100
雄安站	天津西站	16237	100
雄安站	雄安站	0	0

使用以下公式进行计算：

$$\sum_k N \times (\mathrm{WTP} - P - Tt - \delta)$$

通过计算，可得到在以上案例中，京津区域 10 个客运枢纽在 2021 年 5 月 1 日的总收益为 1804976.1 元。

5.3　城市群客运枢纽协同效率提升政策建议

根据以上分析，针对京津冀的客运枢纽群协同策略提出以下几点建议：

(1)适当加强北京大兴机场同西北部(保定市)的公共交通协同,提升大兴机场在整个京津冀片区的服务能力。

(2)通过降低廊坊市到天津市的班次,降低3个机场在廊坊市的竞争水平,把廊坊的客流更多的引向北京机场枢纽。

(3)根据天津市内较远区域的乘客航空出行需求,增加天津市内机场公交车线路,尽量实现近距离消耗内需,减少长距离跨省市协同出行(例如更多在天津北部设立班次等)。

(4)根据北京市内较远区域(西北区域)的航空出行需求,增加西北区域到市内可换成机场的火车站或者机场公交车线路,尽量实现近距离消耗内部出行需求,减少长距离跨省市出行。

CHAPTER 6

城市群多模式客运枢纽协同运营一体化评价指标体系

6.1 评价指标体系构建目的

城市群多模式客运枢纽协同运营一体化平价指标体系,既是指标体系,也是引领体系。作为体系,该指标体系能够评价不同城市群客运协同程度和差距,评估城市群客运枢纽协同运行的动态进程,能够回答城市群是否达到较高水平,是否走在城市群交通一体化前列;作为引领体系,该体系应能够指明走向高度协同这一动态过程中,不同时期的努力方向和工作重点,说明应该加强的方面和应该调整的政策导向。

6.2 评价指标确定原则

为达到利用该指标体系评价和引导未来城市群交通运输高质量发展的目的,确定了以下评价指标作为选取原则。

1) 系统科学性

指标必须能够全面反映城市群客运枢纽一体化的各个方面,并使评价目标和评价指标有机联系,形成一个层次分明的有机整体。指标体系的建立应符合城市群客运枢纽一体化发展演化的客观规律,且能够反映出发展的科学内涵,力求避免主观臆造。指标的选取应符合统计规范,考虑到各城市群统计口径和统计数据的差异性,因此最好利用现有的权威统计资料,保证指标数据的可信度。数据处理方法具有科学依据,指标目的清楚、定义准确,能够量化处理。

2) 简明可行性

指标体系是简明性和复杂性的统一,从资料获取和指标量化角度来看,评价指标体系的结构要力求简单。指标选择应强调代表性、典型性、可获得性。同时,应避免指标之间的交叉与重复,以降低信息的冗余度。指标体系最终供决策者使用,为政策制定和科学管理服务,因此,应尽量利用和开发统计部门现有的公开资料,以利于指标体系的运用和掌握。

3）动态引导性

城市群客运枢纽一体化既是一个目标，又是一个过程。因此，评价指标体系应充分反映城市群交通动态变化的特点，体现出城市群客运枢纽一体化未来发展趋势。评价指标一方面能在对过去和现在进行分析的基础上，反映城市群客运枢纽一体化发展现状以及发展变化规律；另一方面能在时间尺度上刻画城市群客运枢纽一体化发展的程度，以及对未来可能发生的变化趋势做出预测，以引导城市群客运枢纽一体化沿着预定目标发展。

4）指标可比性

指标体系的设计应注重各项指标尽可能采用国际上通用的名称、概念和计算方法，使之具备必要的可比性，同时，具体指标也应具有时间上的可比性，以便于纵横向比较，从而能对各城市群各时期的客运枢纽一体化发展程度进行动态分析和评价。

5）问题针对性

由于城市群的多样性，因此建立城市群客运枢纽一体化发展的指标体系应具有针对性，即评价指标体系的构成必须紧紧围绕指定城市群客运枢纽一体化发展层面展开，使最终的评价结构能够反映评价意图。

6.3 评价指标体系构建框架

以城市群内多模式综合客运枢纽一体化运行所能实现的目标为核心，围绕一体化运行的关键环节，构建包括客运枢纽联通水平、换乘服务水平、联运服务水平、信息服务水平以及综合管理水平5个分目标的评价指标体系。

具体的城市群多模式客运枢纽一体化评价指标见表6-1。

城市群多模式客运枢纽一体化评价指标体系 表6-1

一级指标	二级指标	
	序号	指标名称
L1：客运枢纽联通水平	1	拥有快速交通方式联通的客运枢纽占比
L2：换乘服务水平	2	集疏运服务平均等待时间少于10min的客运枢纽占比
	3	夜间服务连续性达到良好以上的客运枢纽占比
	4	换乘时间少于5min的客运枢纽占比

续上表

一级指标	二级指标	
	序号	指标名称
L3:联运服务水平	5	联运客流量占比
	6	联运便捷性
L4:信息服务水平	7	联程运营信息共享水平
	8	旅客可获取信息数量占比
L5:综合管理水平	9	客运枢纽应急服务水平
	10	安检互认服务水平
	11	服务规范统一性
	12	客运枢纽政策一体化水平

6.4 具体指标

6.4.1 客运枢纽联通水平

指标一:拥有快速交通方式联通的客运枢纽占比

1)指标说明

本指标通过衡量城市群综合客运枢纽间有无快速联通的交通方式(轨道交通、快速公交、旅游专线等),评价城市群内各客运枢纽间的快速联通能力,主要考察城市群多模式客运枢纽间的快速联通能力,对客运枢纽的快速联通水平进行总体评价。

2)指标描述

京津冀城市群中拥有快速交通方式的客运枢纽数量占京津冀城市群中客运枢纽总数的比例(单位:%)。客运枢纽的基数为单体铁路客运站、机场、二级以上公路客运站以及综合客运枢纽。

3)计算方法

$$P_1 = \frac{拥有快速交通方式的客运枢纽数量}{城市群内客运枢纽总数} \times 100\%$$

4）基础数据采集方法

城市群内客运枢纽总数：通过当地统计数据获取。

拥有快速交通方式的客运枢纽数量：通过实地踏勘或者资料收集确定该客运枢纽是否拥有快速交通方式。

6.4.2 换乘服务水平

指标二：集疏运服务平均等待时间少于10min的客运枢纽占比。

1）指标说明

疏运服务等待时间是衡量综合客运枢纽集疏运效率和服务水平的重要因素。通过减少等待时间，提供更为及时高效的疏运方式，可有效改进旅客的出行体验。

2）指标描述

疏运服务等待时间指旅客到达衔接客运枢纽的各疏运交通方式的上客点后，乘坐该疏运交通方式（社会车辆除外）需排队等待的平均时间。本指标是研究在城市群范围内集疏运服务水平少于10min的客运枢纽占城市群客运枢纽总数的比例（单位：%）。

3）计算方法

（1）计算客运枢纽内各集疏运方式的平均等待时间：

$$P_2(t) = \sum_{i=1}^{n} 疏运交通方式最长等待时间 \times 承担的客运量比例$$

$P_2(t)$ 表示集疏运服务平均等待时间。

（2）梳理等待时间少于10min的枢纽数量，再计算占比：

$$P_2 = \frac{集疏运等待时间少于10min的客运枢纽数量}{城市群内客运枢纽总数} \times 100\%$$

4）基础数据采集方法

各集疏运方式的等待时间：通过实地勘察、场景模拟等确定。

集疏运方式的种类：通过文献资料查阅获取。

指标三：夜间服务连续性达到良好以上的客运枢纽占比。

1）指标说明

该指标可充分体现客运枢纽内不同运输方式运输组织的匹配度和协同性，保障夜间出行旅客运输需求。同时评价城市群多模式客运枢纽的服务协同度。

2）指标描述

夜间服务连续性指在综合客运枢纽夜间仍有航班、列车或者班次运营的，最后一个航班、列车、班次到达或离开时,能够为旅客提供有效、连续的夜间集疏运服务。

3)计算方法

(1)评价内容:

有城市公共交通(包括公共汽电车、轨道交通)可以选择;

有出租汽车可以选择;

有客运枢纽专线,如机场公交车等可以选择;

有专人引导、指挥夜间集疏运服务;

夜间疏运交通方式候乘时间少于30min。

(2)评价分级:

夜间服务连续性分级见表6-2。

夜间服务连续性分级表　　　　　表6-2

评价标准等级	一	二	三	四
P2	满足五项	满足四项	满足三项	少于二项
指数	优秀	良好	中等	较差

(3)计算公式:

$$P_3 = \frac{达到良好以上的客运枢纽数量}{城市群内客运枢纽总数} \times 100\%$$

4)基础数据采集方法

夜间服务连续性:通过实地勘察、通过文献资料查阅获取。

指标四:换乘时间少于5min的客运枢纽占比。

1)指标说明

该指标主要反映旅客在客运枢纽内换乘的便捷程度,以及城市群内多模式综合客运枢纽换乘运行水平。

2)指标描述

步行换乘时间是指旅客在客运枢纽内换乘时,以3km/h的步速从某种运输的方式出口无负重步行至另一种运输方式安检入口所需的时间。

3)计算方法

$$步行换乘时间 = \frac{\sum_{i=1}^{n} 不同运输方式之间换乘距离}{3km/h} \times 60$$

其中:步行换乘时间单位为分钟,不同运输方式之间换乘距离单位为千米。

$$P_4 = \frac{\text{换乘时间少于 5min 的客运枢纽数量}}{\text{城市群内客运枢纽总数}} \times 100\%$$

4)基础数据采集方法

要求提供综合客运枢纽内部不同运输方式之间的换乘距离数据。
根据提供的换乘距离数据计算步行换乘时间。

6.4.3 联运服务水平

指标五:联运客流量占比。

1)指标说明

本指标能够反映京津冀城市群客运枢纽的联运服务水平,主要通过计算京津冀城市群典型场景中联运客运量与终点客运枢纽的客运量比例,评价联运换乘能力水平。联运换乘服务水平主要考察客运枢纽之间联运换乘匹配的程度。

2)指标描述

典型场景出行线路的联运换乘能力水平 $P_{5_i}(i=1,\cdots,n)$ 可通过计算典型场景的联运旅客出行量占终点客运枢纽的客流量的比例(单位:%)得出;城市群客运枢纽的联运换乘能力水平可通过计算城市群内主要出行线路的联运换乘能力水平的均值获得。

3)计算方法

$$P_{5_i} = \frac{\text{典型场景的联运客运量}}{\text{终点综合客运枢纽的客流量}} \times 100\%$$

$$P_5 = \frac{P_{5_i}}{n}$$

4)基础数据采集方法

选择典型场景,采用手机信令数据,提取在一天中,或者两天中,出现在典型场景内的客运枢纽手机信令总数,代表联运旅客流量。
终点客运枢纽的旅客流量可通过统计数据获取。

指标六:联运便捷性。

1)指标说明

本指标主要考察两个方面:一是旅客在采用联程出行的方式时,除正常的换乘时间外,还需要等待的时间,也能够从一定程度上体现各种运输方式之间的班次衔接的紧密性。二是在城市群主要典型联运场景中,旅客需要换乘的次数。

2)指标描述

本指标为复合指标。

(1)联运等待时间(min):在一次联运出行的过程中,除去正常的乘车、安检等时间外,旅客还需要等待的时间。

(2)联运换乘次数(次):在一次联运出行的过程中,旅客最多需要换乘的次数。

3)计算方法

(1)按照等待时间长短确定不同的分值,得分标准见表6-3。

换乘等待时间分值表 表6-3

换乘等待时间 $t(h)$	分 值
[0,0.5]	100
[0.5,1]	95
[1,1.5]	90
[1.5,2]	85
[2,2.5]	80
[2.5,3]	75
[3,3.5]	70
[3.5,4]	65
[4,4.5]	60
[4.5,…]	50

由表6-3所示可知,若换乘时间 t 小于0.5h,则评分为100分;若换乘等待时间为 t ,则评分为60分;若换乘等待 t 为 ,则评分一律为50分。

(2)按照换乘次数多少确定不同分值,得分标准见表6-4。

换乘等待时间分值表 表6-4

换乘次数	分 值
1次	100
2次	85
3次	60
3次以上	0

(3)城市群内 n 个典型场景:

$$P_6 = \sum_{i=1}^{n} 等待时间分值 \times x_1 + 换乘次数 \times x_2$$

其中，x_1和x_2为加权系数，相关取值有待进一步研究得出。

4）基础数据采集方法

筛选出联运旅客的数据，通过手机信令分析，提取旅客在特定场景下的在线时长，确定为等待时间。

6.4.4 信息服务水平

指标七：联程运营信息共享水平。

1）指标说明

主要从城市群内各客运枢纽间内部运营数据信息共享水平$P_7(a)$，共享相关数据的客运枢纽覆盖率$P_7(b)$和信息共享平台服务水平$P_7(c)$进行考察。

2）指标描述

本指标为复合指标。

（1）客运枢纽内部运营数据信息主要指铁路、公路、民航等客运枢纽的运营时间、班次、运营主体、票价、票量等运营数据。内部运营数据信息共享水平$P_7(a)$通过现有共享数据条目的数量占素有内部数据条目总量的比例（单位：%）来衡量。

（2）愿意共享数据的客运枢纽覆盖率$P_7(b)$可通过计算愿意共享数据的客运枢纽数量占所有综合客运枢纽数量的比例（单位：%）来衡量。

（3）信息共享平台服务水平$P_7(c)$主要考察京津冀城市群是否拥有公开或非公开的信息共享平台。如存在有信息共享平台，则得10分；如不存在，则得0分。

3）计算方法

$$P_7 = x_1 \times P_7(a) + x_2 \times P_7(b) + x_3 \times P_7(c)$$

式中，x_1，x_2和x_3为加权系数，相关取值有待进一步研究得出。

4）基础数据采集方法

客运枢纽运营数据可通过调研方法进行获取。

愿意共享数据的客运枢纽数量可通过问卷调查的方式获取京津冀城市群客运枢纽运营信息共享的意愿。

一卡通：刷高铁，市郊铁路。

指标八：旅客可获取信息数量占比。

1）指标说明

本指标以用户的角度为出发点，考察城市群多模式客运枢纽信息的开放程度,旅客随时可以获取的客运枢纽运营信息的情况,反映城市群多模式客运枢纽的信息服务能力。

2)指标描述

本指标主要研究旅客可获取的公开的运营数据的数量占客运枢纽运营数据总数的比例(%)。

3)计算方法

$$P_8 = \frac{旅客可获取数据数量}{客运枢纽运营数据总数} \times 100\%$$

4)基础数据采集方法

客运枢纽运营总数由客运枢纽提供。旅客可获取数据数量可通过实地调研获取。

6.4.5 综合管理水平

指标九:客运枢纽应急服务水平。

1)指标说明

主要考察客运枢纽应急预案服务水平$P_9(a)$和客运枢纽间应急响应时间$P_9(b)$。

2)指标描述

本指标为复合指标。

(1)客运枢纽应急预案服务水平$P_9(a)$主要考察各客运枢纽的应急预案是否需要协同其他客运枢纽。如存在有,则得10分;如不存在,则得0分。

(2)客运枢纽间应急响应时间$P_9(b)$主要通过抓取客运枢纽间在发生应急事件时,需要协同的客运枢纽应急响应时间来衡量。应急响应的时间越长,客运枢纽一体化协同应急服务水平越低。

3)计算方法

$$P_9 = x_1 \times P_9(a) + x_2 \times P_9(b)$$

式中,x_1和x_2为加权系数,相关取值有待进一步研究得出。

4)基础数据采集方法

应急响应时间的抓取:

方法一:主要是依靠京津冀城市群范围内,对发生过的应急响应事件进行梳理,提取其中需要协同其他客运枢纽时,所需要的时间。

方法二:依靠已有应急预案中,明确的响应时间作为基础数据。

方法三:通过场景模拟,测算需要的基础数据。

指标十:安检互认服务水平。

1)指标说明

安检互认服务水平主要考察客运枢纽是否具备提供安检互认的能力,以及这类客运枢纽在城市群客运枢纽中的数量。本指标主要考察城市群客运枢纽的安检服务水平,其能否提高一体化的运行。

2)指标描述

本指标可通过计算开展安检互认的客运枢纽数量占城市群内需二次安检的客运枢纽总量的比例(单位:%)而得出。

3)计算方法

$$P_{10} = \frac{实施安检互认的客运枢纽数量}{需要二次安检的客运枢纽总量} \times 100\%$$

4)基础数据采集方法

通过实地调研或者资料收集获取相关数据。

指标十一:服务规范统一性。

1)指标说明

本指标主要考察城市群内多模式客运枢纽在运营服务中,是否能够参照统一的综合客运枢纽服务规范执行。

2)指标描述

本指标通过计算服务达到《综合客运枢纽服务规范》(JT/T 1113—2017)要求的客运枢纽占城市群内多模式客运枢纽数量的比例(单位:%)而得出。

3)计算方法

$$P_{11} = \frac{满足《综合客运枢纽服务规范》要求的客运枢纽数量}{城市群内多模式客运枢纽数量} \times 100\%$$

4)基础数据采集方法

满足《综合客运枢纽服务规范》要求的客运枢纽数量通过实地调研或者资料收集。

指标十二:客运枢纽政策一体化水平。

1)指标说明

客运枢纽政策是指中央政府、交通运输部、各地方政府及其交通运输主管部门出台涉及客运枢纽的规划、政策。客运枢纽政策$P_{12}(a)$主要考核内容为:国家战略级城市群发展规划纲要、城市群发展规划、城市群交通一体化规划、各省市交通发展规划、城市群近期实施性交通规划(方案)、交通基础设施建设政策、交通运输服务政策、交通运输法律法规。

2）指标描述

客运枢纽政策一体化水平为定性指标。本指标主要考察客运枢纽政策$P_{12}(a)$以及相关政策执行情况$P_{12}(b)$。

客运枢纽政策$P_{12}(a)$的得分标准见表6-5。

城市群客运枢纽相关政策分值表   表6-5

序号	政　　策	分　值
1	国家战略级城市群发展规划纲要	20
2	城市群发展规划	15
3	城市群交通一体化规划	15
4	各省市交通发展规划	10
5	城市群近期实施性交通规划（方案）	10
6	交通基础设施建设政策	10
7	交通运输服务政策	10
8	交通运输法律法规	10

（1）国家战略级城市群发展规划纲要。国家战略级城市群发展规划纲要指定义国家战略的城市群的发展规划纲要，即京津冀协同发展战略。如存在有相关规划纲要，则得20分；如不存在，则得0分。

（2）城市群发展规划。城市群发展规划指由国家发改委发布的相应城市群发展规划。如存在有相关规划，则得15分；如不存在，则得0分。

（3）城市群交通一体化规划。城市群交通一体化规划指交通运输部和国家发改委联合发布的城市群交通一体化规划。2015年12月交通运输部和国家发改委联合发布了《京津冀协同发展交通一体化规划》。如存在有相关规划，则得15分；如不存在，则得0分。

（4）省市交通发展规划。省市交通发展规划指城市群各省市发布的十三五综合交通运输发展规划。2016年至今，京津冀城市群的三省市相继出台了"十三五"综合交通运输体系发展规划。如存在有相关规划，则得10分；如不存在，则得0分。

（5）城市群近期实施性交通规划（方案）。城市群近期实施性交通规划（方案）指城市群各省市关于城市群交通发展的年度行动计划及实施方案等。2018年，京津冀城市群3省市相继出台推进京津冀协同发展年度行动计划及年度工作要点。如存在有相关规划（方案），则得10分；如不存在，则得0分。

(6)交通基础设施建设政策。交通基础设施建设政策主要考虑城市群交通网络建设政策、城市群交通运输结构政策和综合交通枢纽建设政策等。如存在有相关政策,则得 10 分;如不存在,则得 0 分。

(7)交通运输服务政策。交通运输服务政策主要考虑税收政策和投融资政策等。如存在有相关政策,则得 10 分;如不存在,则得 0 分。

(8)交通运输法律法规。交通运输法律法规主要考虑关于城市群交通一体化发展的法律法规。如存在有相关法律法规,则得 10 分;如不存在相关机构,则得 0 分。

相关政策执行情况 $P_{12}(b)$ 将通过现场调研方式对相关政策执行情况进行分级评分,换算为相应计算数值。

3)计算方法

$$P_{12} = x_1 \times P_{12}(a) + x_2 \times P_{12}(b)$$

式中,x_1 和 x_2 为加权系数,相关取值有待进一步研究得出。

4)基础数据采集方法

客运枢纽政策通过资料检索获取相关数据。

CHAPTER 7

城市群多模式客运枢纽协同运营体制机制研究

7.1 城市群多模式客运枢纽体制机制现状及问题

7.1.1 城市群多模式客运枢纽体制机制现状

京津冀城市群综合客运枢纽体制机制的相关主体可划分为三个相互独立的系统,如图7-1所示。一是交通运输部系统,主要包括国家民航局及系统内首都机场集团、空管局、航空公司,国家铁路局及下属北京铁路监察室等。二是国铁集团系统,主要包括北京铁路局公司及其下属单位。三是京津冀地方政府系统,主要包括城市政府及其下属临空经济区管委会、火车站区管委会、交通委,以及公交公司、城市轨道交通公司、道路客运公司、出租汽车公司等市属企业。

目前,上述三个系统之间已经具备了基本的协调机制,一是城市群跨行政区协调体制机制中自上而下的京津冀协同发展领导小组及其办公室,推进京津冀交通一体化领导小组及其办公室,京津冀三省市交通一体化统筹协调小组及其办公室;二是三个系统自发成立的跨方式、跨层级协调机制,如城市交通委基本实现了对所有交通方式的行业监管或建立了直接沟通渠道,华北空管局专门成立了京津冀民航协同发展办公室、北京终端管制中心、首都机场运行协调管理委员会等。总的来看,所有主体之间,至少是相关主体之间的联系通道是畅通的,虽然这种联系通道在协调力度上有所欠缺,尤其是不同系统之间的协调。要实现客运枢纽协同运行,应更多依靠围绕统一目标的利益诱导或更高层面的压力驱动。

值得注意的是,为了更好推动客运枢纽协同运行,部分城市成立了临空经济区管委会、火车站区管委会等政府机构,或者客运枢纽设施运营企业,但其协同作用更多体现在地方政府本系统内,在面对铁路、民航设施和运营主体时仍然只能起到联系作用,进一步证明了不同系统之间协同力度不足是客观现实。

结合京津冀交通一体化发展要求,京津冀城市群客运枢纽一体化工作主要在交通运输一体化推进的框架下进行,近年来在工作协调机制、基础设施互联互通、运输服务联动、区域协同管理等方面取得了阶段性成绩。主要表现在以下几个方面。

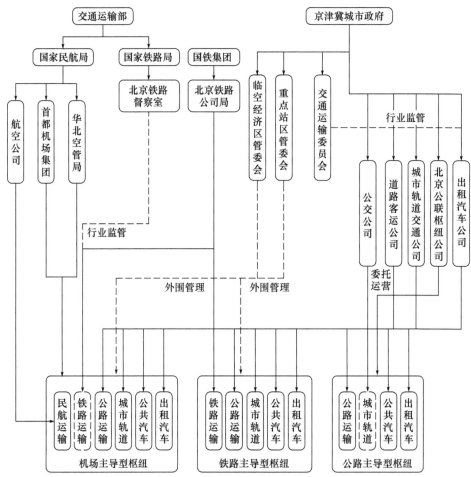

图 7-1 京津冀城市群综合客运枢纽管理体制机制具体情况

7.1.1.1 建立有效的工作推进协调机制

一是各层级政府领导和交通运输部主要领导亲自推动,形成强有力的组织推动机制。天津成立了京津冀协同发展领导小组,市领导多次主持召开部署推动会议,出台一系列实施方案、政策文件。交通运输部领导多次到天津调研指导工作,召开 9 次领导小组会议,出台了一系列规划、政策文件。市政府与交通运输部签署《关于加快天津市交通运输发展 2018—2020 年合作协议》,实施一系列务实举措。河北省在发挥省市交通部门区域交通一体化统筹协调小组、省厅推进京津冀交通一体化领导小组和雄安新区工作专班作用的基础上,河北省交通运输厅成立协同发展处,专职负责京津冀协同发展交通一体化组织协调工作,组织拟订推进区域交通协同发展政策措施并监督实施,协调解决推进区域交通协同发展工作中的具体问题,形成一套班子、一支队伍、一本台账、一抓到底。

二是三地交通运输主管部门合力攻坚,形成全方位对接机制。在三地党委政府支持指导下,天津市交通运输委与北京市交通委、河北省交通运输厅共同成立了京津冀三省市交通一体化统筹协调小组,每年召开1次全体会议和多项专题会议,签署了多项合作协议。三地交通运输主管部门已形成对口衔接、热线联络、共商共建的合作机制。

7.1.1.2 京津冀机场群协同发展效果明显

一是多方合力,为民航发展营造良好环境。国家有关部委精准施策、统筹三地机场错位协调发展,印发《推进京津冀民航协同发展实施意见》,明确提出紧密围绕京津冀民航协同发展,按照国家发展一个新的动力源要求加快北京新机场建设,打造国际一流的航空枢纽,建设京津冀世界级机场群,全面提升京津冀区域航空保障能力和运输服务水平,为京津冀协同发展提供有力支撑和保障。三地机场共同签订战略合作框架协议,召开京津冀民航协同发展启动会、推进会等。

二是明确定位,努力打造"进出北京的第二空中通道"。2014年天津机场建成T2航站楼和地下交通中心,汇集地铁、公交、长途班线等6种交通方式,2018年完成公务机楼改造,正在开展T3航站楼与京滨铁路机场站一体化方案设计。在民航局、空军支持下,机场高峰小时容量由28架次提升为32架次。积极吸引航空公司进驻,完善客运航线网络,增加通航城市,已开通客运航线217条。创新空陆、空海联运,在首都机场T3航站楼设立的"京津冀民航协同发展咨询服务柜台",开通天津机场至北京八王坟、唐山的长途地面公交班线,建成30座异地城市候机楼,成功运行"飞机+邮轮"模式。2014年至2018年,机场旅客吞吐量从1000万人次增加到2360万人次,2018年有600万人次由北京到津乘机,有200万人次由河北到津乘机。2018年,河北省机场完成旅客吞吐量1390.9万人次,同比增长17.3%,增速居全国第三、华北第一。石家庄正定机场迈入千万级大型机场行列;在京津冀机场群客运量占比9.59%,较2014年提升3.84个百分点。

7.1.1.3 一体化运输服务持续创新

一是实现二级以上客运站联网售票。三地制定了京津冀道路客运联网售票业务规范、售票协议、清分结算管理办法等,115个二级及以上客运站(北京7个、天津9个、河北99个)实现联网售票,逐步推出了多元化售票服务渠道,开展道路客运电子客票应用示范,实现便捷购票、快速乘车。

二是空铁联运和空陆联运能力快速提升。2016年、2017年、2018年石家庄机场空铁联运分别为41.2万人次、73.8万人次、113.2万人次,其中2018年空铁联运量占机场客流量的10%,占比居世界先进水平;空陆联运量分别为23.8万人次、29.3万人次、34.7万人次。目前,河北省11个设区市建成区内所有汽车客运站、铁路客运站、水路客运站均已设置公交枢纽站或公交站,并建有相应的出租车候车区或候车通道,大大方便旅客快捷出行。

7.1.1.4 强化应急管理协同

京津冀交通运输部门签署应急联动合作备忘录,制定印发《京津冀三地交通应急联动合作任务书》《京津冀三地相邻区域交通应急保障联动合作协议书》《京津冀高速企业应急联动合作协议》,开展联动应急演练,收到明显成效。

7.1.2 京津冀城市群客运枢纽协同体制机制主要障碍

在主体间沟通渠道畅通的情况下,不想做、不会做、不能做三个方面原因,使得多元主体难以发挥协同服务效应。

7.1.2.1 不想做:运营主体协同服务的协作动力尚未有效挖掘

有效挖掘相关主体协同服务的内生动力是保证相关工作较快、较好和可持续推进的基本前提。实现客运枢纽协同服务能有效提升服务水平,不但有利于扩大业务量,还能够通过提供差别化服务以提升附加值,具有产生可观经济效益的潜力,能够有效调动市场化程度较高主体的积极性,但对市场化程度较低主体的作用有限。例如,春秋航空在正定机场积极推动以空铁联运为代表的协同服务,但承担陆上干线运输功能的国铁集团积极性并不高,多年以来始终未能取得突破性进展,表面原因是铁路部门从客运协同运行中所获利润较小不足以驱动,但更深层次原因在于国铁集团市场化程度较低而对经济收益不敏感,又缺乏足够的行政考核指标驱动力,导致其挖掘协同服务内在价值的主动性不足。

7.1.2.2 不会做:客运枢纽协同运行的相关主体尚未有效整合

有机整合客运枢纽规划、设计、建设、运营各阶段主体,建立统一指挥、顺畅运转的工作机制,是形成统一目标、明确各方分工、提高协作效率的重要保障。当前体制机制下,京津冀城市群综合客运枢纽相关主体间联系十分薄弱,且并未建立明确分工的协作目标体系,导致很多主体即使想提高协同服务水平也无从抓起。以北京南站为例,北京市交通委员会客运综合协同处负责协同各运输方式主体,但其作为行业管理部门只能提出工作要求,难以深度参与具体工作;公联公司虽然名义上负责北京南站客运枢纽整体运营,但主要偏重物业管理,并不具备对一体化工作的实际指挥能力,各运输方式仍处于独立运营、互不干涉状态。

7.1.2.3　不能做:部分政策法规制约和具体问题瓶颈尚待破除

在"想做"和"会做"后,当前客运枢纽协同运行中所面临的大多数问题,都能通过相关主体的自行协商解决,但也有部分问题需要政府层面通过优化相关政策或体制机制协助其解决。

一是基础设施标准规范问题。综合客运枢纽对外运输方式设施均独立标准,如公路有行业标准《交通客运站建筑设计规范》(JGJ/T 60—2012),铁路有行业标准《铁路旅客车站设计规范》(TB 10100—2018),民航更是有行业标准《民用机场工程项目建设标准》(建标 105—2008)等 30 项之多,相互之间缺乏衔接与融合,导致客运枢纽设施存在共用不足重复建设、规模贪大求阔步行不便、接口标准难以统一等诸多问题。为解决统一综合客运枢纽的设计标准,体现集约和一体化要求,北京市于 2020 年 4 月 1 日起实施了地方性标准《城市综合客运交通枢纽设计规范》(DB 11/1666—2019),但该标准并未实现对铁路和民航相关标准的融合,且非强制性标准,仍难以有效改善现有问题。

二是数据标准和共享问题。当前城市群客运领域对多源信息的统一规划和管理不足,导致各主体拥有的信息资源存在记录不全、标准不一、结构分散、应用不足等问题,部分主体出于保密或盈利的目的,甚至拒绝公开或共享数据,"信息孤岛"现象较为普遍,单纯依靠主体之间的协同很难系统和从根本上解决问题。

三是票源开放共享问题。票务一体是实现综合客运枢纽旅客联程联运的重要方面。当前我国最大的问题铁路票务系统封闭,其他票务代理平台本质上只是代购票,无权为客户直接办理购票及退改签业务,成为限制多模式综合客运枢纽服务一体化水平提升的主要障碍。

7.2　城市群多模式客运枢纽协同运营体制机制构建思路框架

城市群客运枢纽的协调发展是一个动态的过程,追求其协调发展的动态稳定，向积极的方向发展，单一地从政府、市场空间分布的层面上去探讨都是片面的，只能够提供一个专题角度上的问题，不具备全面性；而具体研究城市群发展动力、运行等方面的机制，又只能解决城市群客运枢纽某一特定时期的发展问题，缺乏系统动态的治理效果。

根据对国内外关于城市群协调发展机制方面的研究成果的综合分析，和城市群客运枢纽内部相互作用关系的机理研究，本书提出了系统化的构建客运枢纽协调发展机制的研究框架，从城市群客运枢纽协同运营的动力、运行及保障3个层面上构建协同发展机制。动力是城市群客运枢纽协同发展的先决条件，是保证其自发良好运行的根本所在。运行机制是促进内部协同发展的核心，是关于保障城市群客运枢纽合理布局、一体运行的具体调控措施。保障机制是有力补充，维护其高质量发展的必要条件。同时，充分借鉴日本、欧洲、美国相关经验，提出京津冀城市群综合客运枢纽协同服务体制机制建议（图7-2），包括强化协同运行动力机制、着力建设协同运行机制和不断完善保障机制3个方面，即"有组织、有意愿、有目标、有渠道、有保障"，这也很好地解决了现状"不想做、不会做、不能做"的问题。

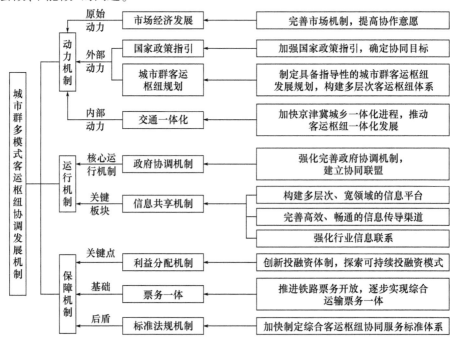

图7-2 城市群多模式客运枢纽协同体制机制框架

7.3 京津冀城市群综合客运枢纽协同运行政策建议

7.3.1 强化协同运行动力机制

要想让京津冀三地四方(中央、北京、天津、河北)都能长期、积极地进行协同发展，前提是参与的四方以及相关企业能在协同发展中获利，或通过获利方对受损方进行补偿后仍然获利，这样，京津冀多模式客运枢纽协同运行才能在自耦合作用下顺利进行，因此京津冀多模式客运枢纽协同运行的根本动力在于三地和相关企业能够实现利益最大化，即获得协同价值，这是京津冀多模式客运枢纽协同发展的内部动力。

7.3.1.1 完善市场机制，提高协作意愿

根据巴纳德协作系统理论，协作意愿主要来自物质激励和精神鼓励，事实上约束机制也能起到显著作用，尤其是在我国有为政府的制度优势下。因此，建议重点从以下两个方面强化京津冀综合客运枢纽相关主体推动协同服务的主观意愿。

1)市场激励机制：推动相关主体间建立合理的成本分担和利益分享机制

综合客运枢纽协同运行的目的是提供一体化运输服务，是有偿的服务产品，所以必须以利益为驱动。基于此，协同服务问题，归根结底是各方利益的协调问题。当总体利益同各方利益一致时，需要协同成本分担和利益分配。当区域总体利益同某一方自身利益不一致时，需要补偿其损失。由于缺乏明确的成本分担和利益补偿的机制与平台，当前京津冀综合客运枢纽不同主体在协作过程中，相对获益的一方往往难以公平合理地对受损方进行利益补偿，或者就损益分担难以达成共识，导致实际工作推进过程中"困难重重"，如空铁联运，因前一段行程延误给后一段行程带来的损失如何弥补，以及客运枢纽运营企业的额外运营服务的弥补等，目前尚无明确解决机制。从德国法兰克福机场空铁联运发展经验看，通过成立汉莎航空、德国铁路、法兰克福机场共同参与的联程联运合资公司 AIRail，三方合作的积极性和主动性更加充足，投入大量资金和精力对行李托

运设施、客票互售系统等进行改造，成功实现了"一票到底""行李直挂"的高水平空铁联运。建议京津冀城市群推动中国铁路北京局集团、首都机场集团、中国国际航空股份有限公司、北京公交集团等主要企业成立类似德国 AIRail 的联程联运合资公司，或签订相关合作协议，以科学管理实现成本共担和利益共享，充分调动各方积极性。

2）行政约束机制：推动非完全市场化主体加强旅客联运

在欧美完全市场化的国家和地区，如果各市场主体都讲求经济效益，利益驱动的市场机制就会发挥作用。目前京津冀城市群综合客运枢纽协同服务涉及的运输企业中，航空公司、道路客运企业市场化程度较高，协调服务的积极性也较高；对于客运枢纽运营企业，往往机场会对联程联运积极性较大，并且会经常不太考虑投入成本，更不讲求回报，如正定机场集团公司，为空铁联运做了大量工作，主要是为了将机场吞吐量做大，这是政府对其绩效考核的重要内容。但铁路、城市轨道、城市公交由于市场化程度较低对经济效益不够敏感，特别是联程联运中处于重要角色的铁路改革尚未到位，国家铁路集团独家垄断整个铁路市场，并且其追求盈利的意识不强，或者以联程联运获取的盈利对其吸引力不大，市场机制基本失效，进而导致合作推动联程联运一体化运输服务的难度大幅增加。这种环境条件下，从长远看，需要加强国铁集团改革，让其成为一个真正在乎利润的市场主体；近期在改革尚未到位的情况下，发挥我国的制度优势，更多依靠政府的行政力量加以推动，通过建立可量化、可评估的行政考核机制，充分调动其积极性。建议国家层面推动国铁集团对中国铁路北京局集团有限公司先行先试，强制性要求必须开展旅客联程联运工作，将该方面工作纳入其绩效考核的内容，或该方面的业务收入利润归其所有并支配作为绩效奖励等。同理，城市政府层面也需要相应建立对城市轨道交通企业、公交企业以及客运枢纽运营企业（如北京公联枢纽公司）的协同服务考核机制。

7.3.1.2 制定具备指导性的城市群客运枢纽发展规划，构建多层次客运枢纽体系

一是科学合理编制专项规划。沟通制定符合城市群发展现状、定位的指导性城市群客运枢纽发展规划。建议在整合国家及交通运输部、北京、天津和河北区域内各城市现有规划成果的基础上，改变过去以项目实施为导向的编制思路，构建以旅客联程运输一体化为价值导向的客运枢纽专项规划，该规划应包括机场、铁路和公路等不同主导方式的综合客运枢纽，统筹考虑不同功能等级定位的客运枢纽在区域中的布局、不同类型交通方式的整合，通

过规划明确京津冀城市客运枢纽建设时序,以及空间布局的协调,优化方案、合理布局,实现总体效益最大化。在规划导向上从京津冀层面,明确城市在未来城市客运组织中的地位和承担功能,各结点采用的组织模式,所承担的功能要求和服务范围,明确客运枢纽分类分级,论证重大客运枢纽功能定位、空间布局、用地规模、建设强度、衔接要求等,特别是要加强与国民经济社会发展规划、国土空间规划以及区域发展规划等衔接,确保不同类型客运枢纽功能定位、客流特征及周边用地性质相匹配。

二是转变客运枢纽服务模式。适应未来城际间高频、快捷、高时间价值的联系需求,完善网络组织,实现网络之间的互联互通和多点始发终到功能,就近、均衡地提高城际服务水平。根据客运枢纽分工原则,北京铁路客运枢纽优化调整建议:西南方向动车组列车(京广高速铁路、京雄城际铁路)、西北方向动车组列车(京张高速铁路)可优先考虑分别引入北京西站、北京北站,其剩余旅客列车分别分流至北京丰台站、北京清河站;东北方向动车组列车(京唐城际铁路、京沈高速铁路)可优先考虑引入北京站,其剩余旅客列车分流至北京星火站和北京城市副中心站。结合既有路网布局,西南、东南和西北方向普速旅客列车可集中至北京丰台站普速场办理;结合北京市综合交通枢纽发展规划和北京铁路枢纽货运外迁建设时机,东北方向普速旅客列车可选择京哈铁路北京东站或双桥站适时改建为普速客站,集中办理京哈、京通和京承铁路的普速旅客列车作业。

7.3.1.3 加快京津冀城乡一体化进程,推动客运枢纽一体化发展

中央将京津冀协同发展上升为国家战略,中央多次就京津冀的发展战略提出部署,京津冀区域既是我国全面深化交通改革的一个试验区,区域交通一体化的示范区,也是交通运输现代化的先行区。在党中央和国务院的强力推动下,在现行的政绩考核体制下,使得京津冀三地不得不打破"一亩三分地"的思维定式,采取协同发展。

区域经济发展水平是影响区域交通一体化资源整合的动力基础。经济的快速发展促进区域产生大量的客运需求,这种快速增长的需求,不仅是各种交通方式发展的原动力,也是促进交通运输资源整合,形成一体化交通的交通运输体系,高效、高质量地满足运输市场需求的主要原因。此外,交通资

源整合的具体形式也分别与一定的经济发展水平相对应,经济发展水平的提升,又为交通资源的整合提供经济基础。

运输理念和运输形式的变化,市场营销在运输企业之中的重视程度的提高、运输形式多样化,面对运输市场需求的多元化、个性化的新变化,在主导型经济条件下,运输企业就必须改变传统运输方式来实现新型运输需求,这就要求区域内各种交通方式进行资源整合,发挥各自优势,相互配合,来满足多样化的市场需求。

7.3.1.4 加强国家政策指引,确定协同目标

对于京津冀综合客运枢纽协同服务来说,总体目标是提升不同运输方式协作效率,是相对明确的。但总体目标的成功实现,必须依赖于众多可落实的具体目标,如出行即服务、空铁联运、空路联运、城市航站楼、高铁无轨站、客运枢纽间穿梭旅游客车、公共交通一卡(码)通支付、安检互认、信息互通、票务互售等,实际上是一个庞大的目标体系。如果协作意愿足够强大,综合客运枢纽相关主体完全可以自下而上的自发制定出协同服务目标体系。但在当前协作意愿尚未充分形成的现实情况下,为提高协同服务整体推进效率,建议由国务院相关部门联合三地政府、学术组织、相关运输服务企业等共同研究制定,同步合理分工、明确各方责任。对于已在发达国家得到充分发展的协同服务经验,可在充分论证其可行性的基础上广泛吸纳;同时,也应积极适应5G、物联网、大数据、人工智能等新技术发展趋势,结合我国超大规模新业态发展优势,推陈出新、勇于创新,打造具有京津冀城市群特色、全球领先的综合客运枢纽高质量协同服务目标体系。

7.3.2 着力建设协同运行机制

7.3.2.1 强化完善政府协调机制,建立协同联盟

京津冀城市群综合客运枢纽运输服务涉及众多主体,目前相关主体间相对独立运行,并未建立明确的系统性协作关系。从管理学角度,建立明确组织是实现共同目标的基本前提。因此,建议依托京津冀协同发展领导小组办公室、交通运输部推进京津冀交通一体化领导小组办公室、京津冀三省市交通一体化统筹协调小组办公室等跨区域协调机制,整合中国民用航空局、国

铁集团、各航空公司、各城市轨道交通公司、公交公司、客运枢纽运营公司等主要相关主体,共同成立"京津冀综合客运枢纽协同服务联盟"。不同类型主体在客运枢纽协同运行中发挥作用不同,其中京津冀协同发展领导小组办公室主要负责宏观层面的规划编制、政策制定、合作协同、约束激励等;交通运输部推进京津冀交通一体化领导小组办公室主要负责协同目标体系的制定,京津冀三省市交通一体化统筹协调小组办公室主要负责中观层面的具体事务协同、公共服务供给等;运营主体、客运枢纽运营主体作为旅客联程运输的实际组织者,是实现客运枢纽协同运行的主要力量,主要负责落实各项具体任务。

7.3.2.2 强化信息共享机制

1)构建多层次、宽领域的信息平台

推动建立国家级旅客出行信息服务平台。在加快旅客出行信息共享的基础上,建议由交通运输部推动建立国家级旅客出行信息服务平台,整合铁路、公路、民航、水路旅客出行信息。在一个网站或一个手机应用上,实现多种交通出行方式组合的信息查询、预定、支付、退票、签转等功能,真正实现旅客出行"一票到底"和"一站服务"。通过建立国家级旅客出行信息服务平台,逐步实现旅客出行信息的"四统一",即统一客票格式采集,统一数据标准存储,统一技术规范共享,统一安全措施保护。

2)完善高效、畅通的信息传导渠道

信息传导包括信息获取、信息整合与扩散及信息反馈 3 个阶段。一是在信息获取方面,要扩宽信息获取渠道,通过通信公司、互联网等公司,信息共享平台合作等形式获取出行信息。二是在信息整合与扩散方面,信息共享平台整合航公、铁路、公路等运营企业所提供的相关信息,整合其他渠道数据后对信息进行有效分析、整合,剔除不利于协同运行的信息,整合有利信息为信息传播提供素材,拓展信息扩散渠道,增加信息的利用率;三是在信息反馈方面,既要做好京津冀区域客运枢纽运营主体对信息中心的反馈工作,又要做好信息中心对政府职能部门的反馈工作,通过设立专门的信息反馈截面,形成反馈建议或报告,提交政府职能部门,为政府组织协调工作提供决策依据

3)强化行业信息联系

基于巴纳德协作系统理论,在协作目标明确、协作意愿充足的前提下,高

效的信息联系是提高系统协作效率的必要条件。当前，京津冀城市群客运枢纽相关主体间已经初步具备沟通渠道，但渠道的便捷性、明确性和稳定性仍待提升。为进一步提高综合客运枢纽协同服务效率，可通过建立数据共享平台的方式，强化相关主体信息联系，包括但不限于行业管理主体、周边管理主体、客运枢纽运营主体、各运输方式运营主体、乘客，共同完成所需的各类数据。

对于行业管理主体，作为政府机构主要负责正常和延误状态下的调度调控，其信息需求也是相对全面的，既包括各种运输方式运行情况、客运枢纽运行情况，也包括客货运需求、乘客服务评价等更加宏观的信息。

对于周边管理主体，作为综合客运枢纽周边秩序的最直接责任主体，需要通过采取必要措施来保证客运枢纽内乘客的高效和舒适集散，其提供的信息包括但不限于周边城市功能情况，以及天气、旅游等辅助性信息，需要的信息包括但不限于正常和延误状态下的管理和调度信息，以及各运输方式正常和延误状态下的运行班次、时刻、运能、运量等。

对于客运枢纽运营主体，作为整个客运枢纽的运营协同机构，需要实时监控各种设施设备运行情况、客运枢纽内人流车流实时情况、客运枢纽周边城市功能情况，以及各种运输方式的班次、时刻、能力、运量等信息，以做好相关主体间沟通的中枢，使其协同工作。突发情况下还应能够实现同其他各主体的直接指挥。

对于各运输方式运营主体，主要包括中国铁路北京局集团有限公司，国航、南航、海航、东航、春秋等航空公司，以及道路客运企业、城市公共交通运营主体等，作为客运枢纽服务的实际供给者，一方面需要掌握其衔接各运输方式的运行状态，以便为乘客顺畅接驳换乘提供帮助；另一方面也需要掌握了解客运枢纽周边城市功能情况，以便更好安排运力和相关服务等。

对于乘客来说，多模式客运枢纽既是完成其交通需求的载体，也是其与城市功能互动的接口。从旅客的角度，需要彻底改变目前信息获取不足、渠道单一的局面，让旅客在到达客运枢纽前、枢纽换乘、离开客运枢纽的出行全过程能够在"恰当的时间、恰当的地点以恰当的方式获取恰当的信息"，从而达成既便捷又安全、舒适的出行。各类主体所需具体信息如表7-1所示。

城市群客运枢纽相关政策分值表　　　　　表 7-1

主体类别	产生信息	信息需求
行业管理主体	●正常和延误状态下的管理调度信息	●各运输方式正常和延误状态下的运行班次、时刻、运能、运量等信息 ●客运枢纽内人流、车流、信息流、安全等实时运行情况 ●客运需求信息 ●服务评价信息
周边管理主体	●客运枢纽周边城市功能情况，以及天气、旅游等辅助性信息	●正常和延误状态下的管理和调度信息 ●各运输方式正常和延误状态下的运行班次、时刻、运能、运量等信息
客运枢纽运营主体	●客运枢纽内监控视频、通信设备、环境控制、安全检查等运行情况 ●客运枢纽内人流、车流、信息流、安全等实时运行情况	●正常和延误状态下的管理和调度信息 ●各运输方式正常和延误状态下的运行班次、时刻、运能、运量等信息 ●各运输方式票务信息
方式运营主体	●各运输方式正常和延误状态下运行班次、时刻、运能、运量等 ●各运输方式票务等信息	●正常和延误状态下的管理和调度信息 ●相关运输方式运行班次、时刻、运能、运量等信息 ●客运枢纽内本运输方式区域监控视频、通信设备、环境控制、安全检查等 ●相关运输方式票务信息
乘客	●行程信息、服务评价信息	●客运枢纽周边城市功能情况，以及天气、旅游等辅助性信息 ●各运输方式运行班次、时刻、运能、运量等信息 ●各运输方式票务信息

7.3.3　不断完善政策保障机制

在相关主体的协作意愿和协作目标均具备后,要实现客运枢纽协同运行,还需要政府层面积极营造良好政策环境、破除行政壁垒。

7.3.3.1 加快制定综合客运枢纽协同服务标准体系

作为相关主体开展活动的重要依据,共同的标准规范体系对于综合客运枢纽协同运行至关重要,主要包括基础设施和数据共享两个方面。基础设施标准方面,建议国家层面在充分对接各运输方式客运站设计规范的基础上,尽快出台更加有利于设施共享共用和一体化衔接的综合客运枢纽强制性设计规范,首先以京津冀地区综合客运枢纽为试点,结合实施情况不断优化完善相应条款,待条件成熟后逐步向全国推广。数据共享标准方面,建议由中央政府相关部门(如工信部)出面协调,加快制定旅客联程联运相关主体间的数据共享框架协议和平台接入标准,并在综合客运枢纽通过互联网平台等载体向数据需求方精准提供,同样也可以以京津冀地区为示范先行先试、逐步推广。

7.3.3.2 推进铁路票务开放,逐步实现综合运输票务一体

铁路客运站申请国际航空运输协会(IATA)代码,并将铁路客票纳入航空客票全球分销系统(GDS),已被法兰克福机场证明为实现空铁票务一体的有效途径,但我国的情况与之不同,火车站多、票务数量大,一下子进行代码共享、统一联合售票难度大。鉴于此,京津冀旅客联程联运票务一体化可分两个阶段推动。近期以中国铁路北京局集团有限公司为试点,推动京津冀地区出发铁路客票向本土互联网票务代理平台开放,使其对火车客票的代理权限达到或接近对航空客票的代理权限,尽可能提升空铁"两张客票",以及空铁公"三张客票"的一体化水平。远期逐步过渡到法兰克福机场模式,即通过推动国铁集团为空铁联运火车站申请 IATA 代码来完成"两张客票"向"一张客票"的转变,并通过将铁路客票接入 GDS 平台来实现一体化客票向全球互联网票务代理平台的开放。

基于巴纳德协同系统理论,针对当前京津冀综合客运枢纽协同服务方面存在的主要问题,充分借鉴日本、欧洲、美国相关经验,进行相应的体制机制设计。总体看,包括提高相关主体的合作意愿、明确协同服务的目标体系、加强主体间的信息联系、完善的政策措施保障 4 个方面,即"有意愿、有目标、有渠道、有保障",这也很好地解决了现状"不想做、不会做、不能做"的问题。

7.3.3.3 创新投融资体制,探索可持续投融资模式

京津冀协同发展亟须投融资体制创新,如区域客运枢纽的建设、区域动态智能调度系统等都需要大规模的资金支持,而在现行的投融资体制下,这些举措都无法顺利实现,创新投融资体制势在必行。

一是建议建立以京津冀交通一体化基金为主体,多模式客运枢纽等专项基金为补充的基金项目体系。由中央政府引导,京津冀三地联合出资设立,综合考虑交通枢纽一体化协调运行的现实需求,对一般转移支付财政资金做出协同安排。主体基金用于区域重大基础设施建设,跨区域的轨道交通、高速公路等公共服务领域的实施给予资金支持,专项基金侧重于所设专项的资金支持,两者相互补充,为全面实现京津冀交通一体化协同发展提供资金支持。该基金可以由京津冀交通一体化财政协同常设机构进行监督和管理,确保财政基金的安全、合理和有效使用。

二是以"客运枢纽场站+土地"共同开发的模式为重点,促进客运枢纽与土地利用综合开发相结合。将客运枢纽与土地利用综合开发的利用需求纳入城市总体规划或空间规划中统筹考虑,并在综合开发用地供应模式、用地指标支持、土地开发强度、土地综合开发的监管和协调等方面出台相应的实施细则,有效促进"客运枢纽场站+土地"模式的全面落实。同时,鼓励和吸引社会资本参与客运枢纽建设和运营,通过健全和完善PPP(政府和社会资本合作)制度框架和法规体系,建立优秀的信用约束和风险分担机制,完善市场准入及退出机制。

参 考 文 献

[1] 李婷婷.城镇化背景下城市群综合客运枢纽分层布局优化研究[D].北京：北京交通大学,2017.

[2] 李林林.区域多枢纽机场航线网络协同优化研究[D].天津：中国民航大学,2020.

[3] 任亚洗.基于层级模型的城市群综合客运枢纽分层布局研究[D].北京：北京交通大学,2019.

[4] 陈伟,修春亮.新时期城市群理论内涵的再认知[J].地理科学进展,2021,5：848-857.

[5] 李鹏林.城市客运枢纽布局规划及功能优化技术指南[M].人民交通出版社股份有限公司,2019.

[6] 吕慎.基于城市用地与交通一体化的枢纽等级体系研究[J].交通运输工程与信息学报,2005,3(1)：57-72.

[7] 王有为.城市公共交通换乘枢纽规划研究[D].西安：西安建设科技大学,2001.

[8] 覃矞.轨道交通枢纽规划与设计理论研究[D].上海：同济大学,2002.

[9] 朱胜跃,赵慧,吴海俊.综合客运交通枢纽分类分级研究[J].铁道经济研究,2012,2：22-29.

[10] 漆凯,张星臣.我国综合客运枢纽等级分级方法的研究[J].交通运输系统工程与信息,2011,11(05)：17-21.

[11] WinnieDaamen. Passenger Route Choice Concerning Level Changes in Railway Station [J]. Transportation Research Board,2004.

[12] DerudderB, Witlox F, et al. Airline data for global city network researchreviewing and refining existing approaches[J]. GeoJournal,2008(1)：5-18.

[13] Alumur S A, Kara B Y, Karasan O E. Multimodal hub location and hub network design[J]. Omega, 2012, 40(6)：927-939.

[14] Ting-ting Li, Rui Song, Shi-wei He, Ming-kai Bi, Wei-chuan Yin, Ying-qun Zhang. Multiperiod Hierarchical Location Problem of Transit Hub in Urban

Agglomeration Area[J]. Mathematical Problems in Engineering. 2017.

[15] 李瀚明. 法兰克福的空铁联运：铁路如何担当"国内接驳"的重要角色[J/OL]. 2019.04 http://news.carnoc.com/list/490/490193.html.

[16] 林国鑫,罗石贵,苗聪. 综合客运枢纽信息系统需求分析和框架体系研究[J]. 公路,2012(5):239-243.

[17] 胡迎鹏. 珠三角城市群综合客运枢纽现状剖析及发展对策[J]. 广东公路交通,2014(4),77-84.